W0005065

Silvia Bovenschen

ÄLTER WERDEN

Notizen

S. Fischer

2. Auflage September 2006

Satz: Pinkuin Satz und Datentechnik, Berlin
Druck und Bindung: Clausen & Bosse, Leck
Printed in Germany
ISBN-13: 978-3-10-003512-7
ISBN-10: 3-10-003512-7

Meinen Freunden

»Wir leben von nicht bewußt gewordenen Erinnerungen.«
(Ilse Aichinger)

»Die Menschen können nicht sagen,
wie sich eine Sache zugetragen,
sondern nur wie sie meinen,
daß sie sich zugetragen hätte.«
(Georg Christoph Lichtenberg)

»Er geht der Vergangenheit nach,
als wäre sie nicht zu verändern.«
(Elias Canetti)

Anfangen Aufhören

Wann habe ich angefangen, bei der Ansicht älterer Filme zu registrieren, welche der Schauspieler schon gestorben sind?

Wann habe ich angefangen, bewußt im Fernsehen alte deutsche Filme aus den fünfziger oder frühen sechziger Jahren anzusehen, Filme, die mich (ihr Inhalt nicht und ihre Ästhetik schon gar nicht) überhaupt nicht interessieren, nur in der Hoffnung, noch einmal den stillen Frieden kriegsverschonter Straßen in den sogenannten besseren Wohngegenden der Städte zu sehen: selten mal ein Auto, zuweilen ein Motorrad mit Beiwagen, baumgesäumte, stille Straßen in Schwarzweiß, holpriges Pflaster, freilaufende Hunde ... Ich sehe die Stille eines Sommertages. War ich als Kind glücklich, als ich das sah, oder will ich mich jetzt darin als glückliches Kind sehen?

Wann habe ich angefangen, die Menschen auf der Straße einzuteilen in diese, die leben wollen, und in jene, die leben müssen?

Als Heiner Müller in einem Interview kundgab, daß der Zeitpunkt erreicht sei, da die Zahl der gegenwärtig Lebenden größer sei als die der Toten aller Vergangenheit, habe ich überlegt, wann der Zeitpunkt erreicht sein wird, da die Zahl der in mir präsenten Toten, die ich einmal mochte, gar liebte, größer sein wird als die der mir nahestehenden Lebenden.

Jahreszeiten

Einst, als Kind, nahm ich die Jahreszeiten, wie sie kamen – den Wechsel von Helligkeit und Dunkelheit, Wärme und Kälte, Schulzeit und Ferienzeit. Es lohnte nicht, über diese Ablösungen nachzudenken, das Jeweilige dauerte zu lang, unendlich lang. Im Winter konnte ich mir nicht einmal mehr sehnend vorstellen, daß es dereinst wieder Sommer werden würde.

Wann habe ich angefangen, die Jahreszeiten ernst zu nehmen? Im Herbst den Anfang eines Sterbens zu sehen? Mich vor dem Winter zu fürchten, wirklich zu fürchten?

Altern des Lachens

Wenn ich jetzt Filme sehe, die ich in meiner Jugend schon einmal sah, schäme ich mich nicht bei der Erinnerung, daß mich einst diese Schnulze (wann wurde dieses Wort aufgegeben?) zum Weinen brachte, wohl aber bei der, daß ich einmal bei jener Klamotte herzlich lachte.

*

Dicke Pferde

Sie verschwanden so langsam, so schleichend aus dem Straßenbild, daß mir ihr Verschwinden erst viel später auffiel, als es sie lange schon nicht mehr gab: die Gezeichneten, die Versehrten, die Krüppel, wie man damals noch sagte. Männer an Krücken, ein leeres Hosenbein hochgebunden, ein inhaltsloser Jackenärmel schlaff herunterhängend, die starre hölzerne Hand im schwarzen Handschuh, schlecht geflickte Gesichter.

Das waren die Kriegsverletzten. Blinde, Kaputtgeschossene, von Bränden Gezeichnete.

Aber auch jene Entstellungen durch das, was humorvolle Leute gerne als »Laune der Natur« bezeichnen, sah man zur Zeit meiner Kindheit in großer Zahl: allenthalben schielende Augen, Klumpfüße, Buckel, Kröpfe, Menschen mit wulstigen Diphterienarben, mit großen Geschwülsten – und dann gab es noch die Armen, die den Arzt nicht zahlen konnten, Menschen mit offenen Wunden und zahnlosen Mündern.

Sie alle verschwanden mit der Zeit, mit zunehmender Prosperität und ärztlicher Kunstfertigkeit, so wie die dicken Pferde, die die Wagen, hochbeladen mit Blockeis, Bier oder Kohlen, durch die holprigen Straßen zogen. Sie hießen meistens Liese oder Lotte, und nette Kutscher setzten ihnen im Sommer, um sie vor der Sonne zu schützen, Strohhüte auf, in die Löcher für die Ohren geschnitten worden waren. Ich hatte mein Gehör gut trainiert und erkannte das Geklapper der Hufe auf dem Kopfsteinpflaster schon, wenn die Gefährte in unsere Straße einbogen. Dann rannte ich zur Speisekammer und entnahm einem Gefäß, das meine Mutter für diesen Zweck bereitstellte, kleingeschnittene Möhren und hielt sie den Gäulen auf straff ausgestreckter Hand vor die Mäuler. Manchmal hatte ich den Mut, den Kutschern zu sagen, daß sie ihnen die Schweife nicht kopieren sollten, weil dies die Waffe der Pferde gegen die Fliegen sei. Bestenfalls, wenn sie nicht über die altkluge Göre fluchten, lachten sie mich aus.

Das war mir schmerzhaft aufgefallen, daß die Pferdewagen allmählich den zunächst meist dreirädrigen motorisierten Lieferautos weichen mußten.

Das Verschwinden der Versehrten – das Ausmaß der seit meiner Kindheit möglich gewordenen Reparatureingriffe – trat mir erst kürzlich deutlich ins Bewußtsein, als eine

Schriftstellerin – auch nicht mehr die Jüngste –, sich in die Gentechnologiedebatte einmischend, behauptete, daß es doch die schadhaften Unvollkommenheiten seien, die Defekte, die das Humanum auszeichneten. Erst im Leid komme der Mensch zu sich. Ja, was denkt sie sich denn da, in ihrer Sorge um das Genügen des Leids? Für den Schmerz war seit Hiob noch immer gesorgt. Geht Pest, kommt Aids. Was immer auf den biotechnologischen Baustellen der Menschheitsumgestaltung zu unserem Schaden oder unserem Nutzen erdacht und gemacht werden kann, fürs Leid wird es immer genügend Schlupflöcher geben.

Zu den wenigen Überzeugungen, die mir im Lauf der Zeit nicht verlorengingen, gehört, daß es, bei allen Anstrengungen zur Verbesserung von allem, zur Vermehrung des Guten, immer nur um die Verminderung des Leids gehen kann. Die Zeichen weisen in eine andere Richtung.

Was die zahnlosen Münder betrifft: Man sieht sie schon wieder in den ärmeren Stadtvierteln Berlins. Die Gesundheitsreform (ein denkwürdiges Wort) hat dafür gesorgt.

Und sie wird für mehr sorgen.

*

Amerika, Amerika

»Repräsentative Altbauwohnung in zentraler Lage. Großzügig saniert. Flügeltüren, Parkett, Stuckdecken ...« – Das wird teuer. Wer dieses Inserat liest in einer westdeutschen Großstadt und noch keine Wohnung hat, wer hier einen Anruf in Erwägung zieht, der hat Geld fürs Schöne Wohnen.

Ob der junge erfolgreiche Bankangestellte, verheiratet mit

einer jungen erfolgreichen Börsenmaklerin, wenn er seinen Mies-van-der-Rohe-Sessel auf dem zu glänzend versiegelten Parkett placiert, ahnt, wie diese Häuser nach dem Krieg ausgesehen haben?

Dunkel waren sie. Braunverfärbte Tapeten, graues, verrußtes Gemäuer, Hinweisschilder auf den Luftschutzkeller, rumpelnde, unzuverlässige Boiler. Gesprungenes Porzellan, Klos und Waschbecken mit alten verdächtigen Rändern. Viel schadhafte weiße Emaille. Es roch ein wenig nach Kohle, zuweilen nach Urin und Kohl. Durchgetretene Dielen, kaputtes Parkett, selbst in einst hochherrschaftlichen Häusern des Frankfurter Westends. Da gab es nichts zu romantisieren. Da war Sanierung angebracht.

Fünfzig Jahre Wohlstand haben diese Spuren beseitigt. Allerdings nicht immer nur zum Wohle der Häuser, in denen später auch der Billigmarmor und die Rauhfasertapete Einzug hielten.

Ich überlege, wie schnell im Falle eines voranschreitenden wirtschaftlichen und (damit einhergehend) zivilisatorischen Niedergangs ein ähnlicher oder noch schlimmerer Zustand wieder eintreten könnte. Sehr viel schneller, als man denkt, denke ich. Schnellverslumung. Die Zivilisationskruste ist dünn. Die Materialien sind nicht unbedingt besser geworden.

Als junge Frau las ich einen Roman von Joseph Roth, in dem eine Figur vorkam, die immer, wenn sie etwas richtig gut fand, ausrief: »Amerika, Amerika.« Ich erinnere mich, daß ich lachen mußte, weil ich mich erinnerte, daß mich im Alter von zehn Jahren und einige Jahre anhaltend eine ähnliche proamerikanische Emphase ergriffen hatte. Ich kann das deshalb so genau datieren, weil dies der Zeitpunkt war, zu dem wir nach

Frankfurt am Main zogen, zu meiner Freude in eine große helle Neubauwohnung (der Altbau-Kult kam erst später über das Land), neben dem IG-Farben-Hochhaus, dem Hauptsitz der amerikanischen Militärverwaltung. Am Rande der damals noch uneingezäunten Grünflächen vor dem Gebäude parkten die Amerikaner ihre Autos: große, blitzende Gefährte, manche gar zweifarbig, mit viel Chrom, ausladenden Heckflügeln und imposanten Kühlerornamenten. Das gefiel mir. Ich fuhr die Reihen mit meinem Fahrrad ab und konnte bald die Fabrikate auseinanderhalten. »Warum fährst du keinen Thunderbird in Weiß-Türkis«, fragte ich meinen Vater, der diese Markenbezeichnung wahrscheinlich erstmalig hörte und für den jede Lackierung jenseits von dunkelgrau oder dunkelblau indiskutabel war. Er verdrehte die Augen zum Himmel.

Im Gegensatz zu ihm war ich ein wenig vorbereitet auf diese kulturelle Fermentierung aus der Neuen Welt. Hatte mir doch jemand schon Jahre zuvor ein amerikanisches Mickey-Mouse-Heft in die Hand gedrückt, das ich zwar nicht lesen konnte, dessen bunte Bildwelt mich aber sofort hochgradig faszinierte. Dort lebten alle vergleichsweise lustig und sorgenfrei in frischgestrichenen sauberen weißen Häusern mit roten Dächern und einem quietschgrünen Rasen im Vorgarten. Einer badete sogar im Geld. Überdies war immer schönes Wetter. Amerika, Amerika.

War ich das alles wirklich?

Ich weiß nicht, woher das Bild in meinen Kopf kam. Es war plötzlich da, detailgenau. Und ich – lassen wir mich elf oder zwölf Jahre alt sein – war darauf.

In diesen Pubertätsjahren besuchte leider nur vorübergehend – wir hatten uns ein wenig angefreundet – eine farbige Amerikanerin unsere Klasse. Sie schenkte mir, meine begehrlichen Blicke bemerkend, ein Button-down-Hemd. Dieses Hemd war für lange Zeit mein ganzer Stolz. Ich – zu dieser Zeit ansonsten völlig ignorant in kleiderästhetischen Fragen – war sicher, daß ich das erste und einzige Mädchen in Deutschland, vielleicht sogar in Europa war, das so ein Hemd besaß. Dieser Besitz war die erste gesicherte Zutat zu dem Bild, auf dem ich selbst die prominente Rolle spielen wollte. Im Mittelpunkt des Bildes aber stand ein Chevrolet, der dem Vater (ein Bonvivant in biederer Zeit) einer anderen Freundin gehörte. Dort hineinzukommen war kein Problem, denn ich wurde oft zur Mitfahrt eingeladen. Ich wartete auf den Sommer. Zuvor mußte ich noch ein Beschaffungsproblem lösen. Zu diesem Zweck ging ich in das IG- Farben-Hochhaus, das zu meinen bevorzugten Spielstätten gehörte. Man konnte sich dort durch nicht ganz erlaubtes, riskantes Auf- und Abfahren im hauseigenen Paternoster amüsieren. Ein dicker – wie man damals noch sagte – Negeroffizier hatte mich gelegentlich dabei beobachtet und mir verschwörerisch zugezwinkert. Ihm lauerte ich auf, streckte ihm meine Börse mit dem Ersparten entgegen und bat ihn, mir eine »Pilotensonnenbrille« aus dem PX mitzubringen. (Ich habe keine Erinnerung daran, wie ich die Sache sprachlich bewältigte.) Es funktionierte. Ich konnte jetzt mein Bild realisieren. An einem Sonnentag wurde ich wieder eingeladen, mit den Eltern meiner Freundin aufs Land zu deren Wochenendhaus zu fahren. Mir wurde zugesichert, daß ich auf dem Beifahrersitz Platz nehmen dürfe. Ich hatte mein Button-down-Hemd angezogen und die etwas zu große Pilotensonnenbrille aufgesetzt. Und dann kam die große Desillusionierung. Zur Erfüllung des Bildes gehörte nämlich unabdingbar, daß ich meinen Arm lässig aus dem heruntergekurbelten Fenster lehnen sollte. Dafür war ich aber zu klein. Ich sah mich selbst in dem Wagen sitzen, und ich sah: der Arm ragte in einem lächerlichen spitzen Winkel über die gummigefaßte Kante der Beifahrertür. Aus!

Ich war zu klein für das Bild, oder das Bild war zu groß für mich.

Vielleicht hatte ich Jean Harlow oder Ava Gardner in einem Film oder auf einem Plakat in dieser Pose gesehen.

Nur zu exakt diesem Zeitpunkt hatte das Bild für mich eine Bedeutung. Ich wuchs nicht hinein. Die Zeit, das Bild und ich kamen nicht zusammen.

Damals war das eine Niederlage. Heute aber liebe ich kleine Schieflagen und Vergeblichkeitssignale in gekonnten Stilisierungen.

*

»Ja, mach nur einen Plan ...«

Jetzt, Anfang 2003: Einen Essay will ich schreiben. Über das Älterwerden. Ich bin guten Mutes. Schon einmal hatte ich einen kurzen Text über das Alter geschrieben, hatte eine Affinität zwischen der Essayistik als Form und dieser Thematik behauptet.

Ich begebe mich auf vertraute Pfade. Mache einen Plan, sammele Material, nehme zur Kenntnis, was Bedeutende schon gesagt haben. Wie man das eben so macht. Dann aber irritiert mich der zähe Widerstand, den das Thema meiner frischen Bemühung entgegensetzt. Mit hohen Zielen bin ich angetreten, will gedanklich neue Räume schaffen, will eigene Fragen und Antworten exponieren und auf der Grundlage dessen originelle Ausblicke gewähren. (Ausblicke?) Ich erobere kein neues Terrain.

Für diese unerwartete Unzugänglichkeit suche ich eine Erklärung und glaube sie darin zu finden, daß ich mich – ganz im Gegensatz zu meiner kühnen These von einst – im essayistischen Spiel, wie ich es verstehe, eingeengt fühle durch die ehernen Eckdaten, die diese Thematik auszeichnen: der festgelegte Ausgang des Alterns, (das, worin fortschreitendes Leben endlich mündet, im bislang unausweichlichen Tod) und die unumkehrbare Richtung des Älterwerdens, dessen Zwangsläufigkeit. (Ein gutes Wort: der Zwang des Laufs.) – Diese Pointen stehen immer schon fest.

Das Eigene, zu diesem Schluß komme ich, könnte ich allenfalls in der Besonderheit meiner individuellen Wahrnehmung dieses Zwangsgangs finden.

Ich ändere den Plan: gebe den Anspruch allgemeiner Gültigkeit, der dem Essay doch nicht ganz zu nehmen ist, auf.

Das erzwingt eine andere riskantere Form. Ich muß den Schutz der Begriffsnetze verlassen, muß »ich« sagen. Auch gut. Was soll mir in meinem Alter noch passieren? (Vielleicht ist das gar nicht wahr, Ausrede nur, vielleicht habe ich schlicht keine Lust mehr an den geschlossenen Formen.)

Eignungsanmaßung

Jetzt, Anfang 2006: Warum glaube ich an meine besondere Zuständigkeit für dieses Thema? Weil ich alt bin. 60! »Sechzig! Das ist eine böse Zahl. Da ist nichts mehr zu machen. Mit sechzig ist man alt. Noch immer. Frauen sind mit sechzig älter als Männer mit sechzig. Noch immer«, sagt meine Freundin S. Sch., die diese Altersschwelle schon überschritten hat.

Und ich beanspruche für mich eine zusätzliche Qualifikation. Wegen meiner gesundheitlichen Einschränkungen machte ich zeitversetzt früh schon Erfahrungen, die meistenfalls erst das Alter prägen.

»Wenn ich aufgestanden bin, mich geduscht, mich angezogen habe, dann bin ich so fertig und müde, daß ich gleich wieder ins Bett gehen könnte«, sagt meine achtundachtzigjährige Freundin F. G. am Telephon. »Das kenne ich«, sage ich. »Wenn ich kleine Arbeitsgänge im Haushalt erledigt habe, die ich früher so nebenbei hinter mich gebracht hätte, muß ich mich gleich wieder hinlegen«, sagt sie. »Das kenne ich«, sage ich. »Für alles, wirklich für alles, was ich tue, brauche ich jetzt die doppelte, wenn nicht dreifache Zeit«, sagt sie. »Das kenne ich«, sage ich. »Es vergeht kein Tag, am dem ich nicht an den Tod denke«, sagt sie. »Das kenne ich«, sage ich. Dann erzählt sie mir übergangslos eine witzige Alltagsbeobachtung, die mir sagt, daß sie noch gerne lebt. Dieses Nebeneinander kenne ich auch.

So gesehen, nach Maßgabe solcher Erfahrungen, hätte ich das Buch schon vor zwanzig Jahren schreiben können.

Verkaufsüberlegungen

Einst sollte dieses Buch den Titel »Einst« erhalten. Ich mag dieses diffuse Wort. In seiner Unbestimmtheit entspricht es dem Zustand meines Gedächtnisses. Diese Analogie überdeckte ein leichtes Unbehagen im Hintergrund. Bis meine Freundin S. Sch. sagte: »Nicht schlecht, aber für einen Titel doch etwas betulich.« Genau! »Älter werden« fand Gnade bei ihr.

Jetzt: »Vielleicht solltest du dir doch noch einen anderen Titel überlegen«, sagt mein Lektor, der ein Freund ist, am Telephon. Er ist zwanzig Jahre jünger als ich. »Warum?« frage ich. »Es könnte sein, daß sich von dem Titel ›Älter werden‹ nur Ältere angesprochen fühlen«, sagt er. »Warum?« frage ich tückisch weiter. »Älter wird man doch vom ersten Tag des Lebens an.« Er lacht etwas genervt.

Er hat natürlich recht. Ab der Mitte des Lebens steht das Altern anders im Bewußtsein als in den vorangegangenen Jahren. Das Buch »Älter werden« hätte ich mir ohne Empfehlung im Alter von dreißig Jahren wahrscheinlich nicht gekauft. Ich ändere den Titel trotzdem nicht.

»Würdest du ein Buch mit dem Titel ›Älter werden‹ kaufen?« frage ich am gleichen Tag meinen Freund Th. J., der auch zwanzig Jahre jünger ist. »Auf keinen Fall«, sagt er. »Warum?« – »Es klingt wie ein Ratgeber-Buch.«

Ich überlege, ob ich den Titel nicht doch ändern sollte.

Wenige Stunden später ruft mich mein Freund A. G. D. an – auch er ist erheblich jünger. Ich frage ihn, was er von dem Titel hält: »Guter Titel«, sagt er, »lakonisch und einfach.« Ich bin froh, er war mir immer ein guter Ratgeber und Anreger für meine Texte. Wie angenehm sind doch Ratschläge, die den eigenen Neigungen entgegenkommen.

Seenot

MS. Ich wußte früh, daß dies die Abkürzung für Motorschiff ist. Wenn ich die Abkürzung oder das Wort Motorschiff hörte, assoziierte ich eine Zeitlang ein kleines Boot, das ich als Kind besaß. Es war etwas zu groß für die Badewanne. Aber wenn wir im Sommer an einen See fuhren, kam es zum Einsatz. Es war weiß, hatte einen großen Schornstein, einen Kajütenaufbau, war bunt bewimpelt, und am Bug stand *MS Esperanza*.

Aber dann, noch in satter Jugend, mußte ich erfahren, daß MS auch die Abkürzung für eine tückische Krankheit ist, die mich befallen hatte. Rasend schnell drehte sich der Assoziationswind. Plötzlich befand sich das fröhlich beflaggte Schiffchen, das einst einen sommerlichen Ausflugsspaß verhieß, in schwerer See.

*

Unzeitgemäß

»Die Wahrheit ist (...), daß man vernünftigerweise nicht gegen die Zeit stehen kann, ihr nicht nachjagen darf, aber auch nicht den Ausweg hat, sich aus dem Zeitlauf herauszunehmen.« (Jean Améry)

Zu meiner Zeit

»Zu meiner Zeit« – höre ich mich doch tatsächlich sagen: Zu meiner Zeit? Wie kam diese alberne Formulierung in meinen Sinn?

Du liebe Zeit, wann ist oder vielmehr war das denn: meine Zeit? Bin ich schon aus einer allgemeinen Zeit herausgefallen? Lebe ich bereits im Takt einer eigenen Zeit, die ins Verflossene changiert? Ist das Bezugsnetz meiner Assoziationen veraltet? Vielleicht. Es kommt jetzt häufig vor, daß von jemandem gesagt wird, er oder sie sei ein Star oder zumindest sehr bekannt, und ich habe keinen blassen Schimmer, wer das sein könnte, und – was schlimmer ist – will ihn auch nicht haben.

Bin ich schon in Teilen meiner Existenz unzeitgemäß? Das Unzeitgemäße hat mich früh schon interessiert. Als junge Frau glaubte ich an den »veralteten« Frisuren älterer Frauen erkennen zu können, wann sie ihrerseits glaubten, ihre beste Zeit gehabt zu haben. Hatten sie die Frisuren einfach aus Gewohnheit beibehalten, oder sollte die Haarformation aus besseren und jüngeren Tagen einen alten Glanz konservieren? Lagen den geschmacklosen, weil altersunangemessenen modischen Empfehlungen, die ich meinen lebenszeitlich vorangeschrittenen Eltern für ihre Bekleidungen und Frisuren gab, der Wunsch zugrunde, sie in der für mich aktuellen zukunftsgerichteten Zeit zu halten? Aber wie vertrug sich dieser liebevolle Wunsch mit den Bosheiten auf gleichem Felde: »Hinten Lyzeum, vorne Museum«, sagten wir über eine keineswegs alten Lehrerin, die sich eine kleine Samtschleife an den Hinterkopf gesteckt hatte.

Mit zwei gleichfalls älteren Freundinnen erörtere ich den Umstand, daß sie übereinstimmend behaupten, sich die Gesichter heutiger Stars nicht mehr merken zu können. Sie führen das auf einen Mangel an physiognomischer Prägnanz der zeitgenössischen Idole zurück. »Die sehen doch alle irgendwie gleich aus.« Hatten das nicht unsere Eltern über unsere Idole auch gesagt? Ich kann mich nicht erinnern. Oder ist mit den wachsenden Möglichkeiten der chirurgischen und kosmetischen Schönheitsherstellung doch so etwas wie eine Verähnlichung eingetreten? Ich weiß es nicht. Wenn es nur noch schöne Mädchen gibt, gibt es keine schönen Mädchen mehr.

Ich habe allerdings den Verdacht, daß wir diese Gesichter, diese Figuren, diese Erscheinungsbilder vorsichtshalber nicht mehr so genau betrachten und sie uns infolgedessen nicht einprägen, weil wir verfallsbedingt jedweder Vergleichbarkeit enthoben sind. Wir müssen uns an ihnen (erotisch) nicht mehr messen, und wir können es auch nicht mehr. Das, was einst notwendig zu deprimierenden Resultaten führte, ist jetzt hinfällig schon in der Absicht. Ein Abgleich wäre nurmehr lächerlich vor uns selbst. So verlieren wir schließlich auch noch die Chancen gesicherter Vergleichsniederlagen.

Aber auch die Stars selbst, die »unserer Zeit«, sind nicht mehr vergleichbar mit ihren aktuellen Kolleginnen. Rita Hayworth, einst als »schönste Frau der Welt« gerühmt, würde heute ihrer Körpermaße wegen von keiner Modelagentur aufgenommen. Das hochversicherte Bein der Marlene Dietrich und auch das ideale Plastikbein, das eine Strumpffirma einst normgebend in den Schaufenstern aller Kurzwarenläden, (die es kaum noch gibt), untergebracht hatte, könnten heute keine Geltung mehr beanspruchen. Das Bein, das zu einer Körpergröße von einem Meter neunzig gehört, muß eine andere Proportion, eine andere Linie, einen anderen Schwung aufweisen.

Wenn ich die zeitgemäßen Mannequins (wann und warum wurde dieses Wort aufgegeben?) betrachte, kommen sie mir vor wie von einem anderen Planeten, eine andere Sorte als ich und meinesgleichen. Allerdings, wenn ich sie reden höre, wird ihre Zugehörigkeit zur menschlichen Spezies doch wieder allzu offenbar.

Finde ich sie schöner als die einstigen? Nein. Finde ich sie häßlicher als die einstigen? Nein. Nur anders.

Zeitgeiz

Zu den Symptomen des Alterns gehört neben der Verlangsamung und dem Rückzug auf gesicherte Gebiete auch ein ökonomisches Verhältnis zur Zeit. Ich bemerke das zuweilen an mir selbst: »Es bleibt nicht mehr so viel Zeit im Leben, als daß man sich für Leute interessieren wollte, die nichts anderes können, als sich irgendwie im Licht der Öffentlichkeit zu halten«, sage ich trotzig, wenn ich wieder mal nicht weiß, wer jemand ist.

Zeitgeiz! Ich mag Geiz in keiner Form. Auch diesen nicht. Es ist ja zu keiner Zeit des Lebens gesagt, wieviel Zeit noch bleibt. Und ich habe keine Lust, meinen mentalen Haushalt der Wahrscheinlichkeitsrechnung zu unterwerfen. Den Zeitgeiz nahm ich oft an amerikanischen Akademikerinnen wahr (auch bei den Jüngeren). Die Attitüde, daß sie keine Zeit zu verlieren hätten, daß man ihnen ihre Zeit nicht stehlen solle (auch dann, wenn man keinerlei Schritte in diese Richtung unternahm), daß jede Minute ihrer Existenz Wichtigem vorbehalten sei. Ihre angestrengte Sprungbereitschaft hat mich, selbst wenn sie mich mit Lob überhäuften (was sie freundlicherweise gerne tun), stets meinerseits angestrengt und in eine tiefe alteuropäische Müdigkeit gesenkt. (Hierin bin ich nicht mehr zeitgemäß.)

Mode

Einst interessierte ich mich für Mode, für das Zeitgemäße an sich. (Hierin war ich für eine lange Zeit ganz auf der Höhe.) Und weil sie mich alltagspraktisch interessierte, rückte ich sie vorübergehend auch ins Zentrum meiner theoretischen Bemühungen. Das machte Freude, weil das Thema zu dieser Zeit in akademischen Kreisen noch anrüchig war. Die Hauptsache war doch immer, sich nicht zu langweilen.

Jetzt sind die Aktualitäten der Mode etwas in den Hintergrund meines Lebens gerückt. Minirock, Hüfthose und Bauchfreihemdchen sind die Sache einer Sechzigjährigen nicht. Das kränkt nicht, denn alles, was ins Niedliche, Putzige, Infantile weist, hat schon in modefreudiger Jugend nicht mein Gefallen gefunden. Die fortgeschrittenen Jahre erzwingen eine Abwägung zwischen dem Zeitgemäßen und dem Altersgemäßen.

Auf diesem Sektor meiner Existenz ist eine Beruhigung eingetreten. War ich früher kleiderästhetisch fasziniert von Exklusivität, Wirkung und Wagnis, so richtet sich jetzt mein Augenmerk vornehmlich auf Materialqualität, Verarbeitung, Schnitt und Sitz – auch der Aspekt der Wärmegebung ist hinzugekommen. Irgendwie läuft das auf die Suche nach der Jacke an sich hinaus. Man muß aufpassen, daß sich nicht altersbedingt die Fundamentalismen einnisten in die Bereiche, in denen die Reizbarkeit etwas nachläßt.

Fraktionierte Existenz. Spartenleben

Ich komme hier zu einem versöhnlichen Schluß. Es gibt Gebiete, in denen ich mich einigermaßen zeitgemäß bewege, hoffe ich. Die Literatur könnte dazugehören. Andere Sparten wurden verfrüht vernachlässigt. Die Popmusik fällt leider in diese Sparte. Sie wurde nach einer hitzigen Jugendphase von mir aufgegeben. Davon verstehe ich gar nichts.

(Ich überlege, ob die Abwägung zwischen dem Altersgemäßen und dem Zeitgemäßen nicht die wahre Artistik des Alterns ist. Das ist ein Können, das wir vorübergehend noch können können.)

*

Schönheit. Verlust

»Ach, da bin ich richtig froh, daß ich nicht mehr achtundvierzig Jahre alt bin, sonst müßte ich mir jetzt basal und instinktiv die Frage stellen, ob es in meinem Verschulden läge, daß ich nicht mehr aussähe wie Catherine Tramell (Sharon Stone), so glatt, so straff, so sexy«, sagt eine ältere Bekannte, der ich im Foyer eines Kinos begegne.

»Ich kann gut älter werden, weil ich nicht schön war in meiner Jugend«, sagt eine sympathische Dame, die ich ein wenig kenne.

Anderen, die ich besser kenne, ergeht es schlechter, jene, deren Selbstwertgefühl sehr stark mit den Graden ihrer erotischen Attraktivität verknüpft ist. Wann und wie finden solche Verknüpfungen statt? Sie müssen mehr leiden, mit jedem Jahr und jeder Falte. Haben sie in den attraktiven Jahren wenigstens den Rahm abgeschöpft?

Mir fällt die Äußerung meiner Freundin M.-L. Sch. ein, die einmal von einer Frau, die ich nicht kenne, sagte: »Sie war vollkommen vergeblich schön.« Ich betrachte eine Photographie, die mich zeigt. Sie wurde vor etwa zehn Jahren aufgenommen.

Ich erinnere mich, daß ich diese Ablichtung damals abscheulich fand (ältlich, unvorteilhaft) und nur vergessen hatte, sie zu vernichten. Jetzt finde ich, daß ich darauf, verglichen mit meinem heutigen Zustand, recht passabel aussehe. Jetzt würde ich gerne so aussehen. Offensichtlich hat sich etwas in mir schon mit den weiter zurückliegenden Verlusten abgefunden, denn ich käme nicht auf die Idee, mir ein Aussehen zu wünschen, wie ich es mit zwanzig Jahren hatte. Die Person, die die Photographien dieser Zeit zeigen, ist mir fremd. Ja, das war ich. War ich das?

Damals (in meinen »zwanziger Jahren«) hatte ich ein Aussehen, mit dem ich (das sage ich aus heutiger Perspektive, gewissermaßen so, als wäre ich meine eigene Mutter) durchaus zufrieden hätte sein können. War ich aber nicht. (Keine Zwanzigjährige ist mit ihrem Aussehen zufrieden.) »Kind, versündige dich nicht«, sagte meine unfromme Mutter, wenn ich mein Aussehen bemängelte.

Aber die Blicke, die mich trafen, die Avancen (dieses Wort war schon zu »meiner Zeit« aufgegeben), die ich erhielt, signalisierten mir doch, daß ich mir über mein Aussehen keine übertriebenen Sorgen machen mußte. Auch in meinem Falle war das etwas »vergeblich«. Damals witterte ich in jedem Kompliment, das mein Äußeres betraf, eine Abwertung meines intellektuellen Vermögens. Ich zog keinen Honig aus dergleichen. Heute hingegen gebe ich mich noch der unaufrichtigsten, auf mein Erscheinungsbild gerichteten, Schmeichelei unkritisch hin.

Wahlalter

»Wenn eine gute Fee käme und du dir ein beliebiges Alter aussuchen könntest, welches würdest du wählen?« frage ich meine Freundin F. G. (achtundachtzig). »Anfang vierzig«, sagt sie ohne zu zögern. Ja, das wäre auch mein Wahlalter. Ich starte eine kleine Umfrage unter denen, die älter als fünfzig sind. Alle, wirklich alle, Männer wie Frauen, nennen diese Altersstufe. Auch die Begründungen sind identisch: Man habe die gröbsten Verklemmungen und Verwicklungen hinter sich und noch eine geräumige Zukunft vor sich (wenn alles gut gehe). Betrifft diese beste aller Altersmöglichkeiten nicht genau das Alter, in dem die quälende Midlife-crisis angesiedelt wird? Uns ist selbst unter dem Einsatz guter Feen nicht zu helfen.

Größenordnungen

Einst, als junges Mädchen, habe ich mich bei der Besichtigung mittelalterlicher Burgen amüsiert über die Abmessungen der Rüstungen, Betten und Särge. Wie klein sie gewesen waren, die stolzen Ritter. So klein wie ich, ich aber würde ja noch wachsen, hoffentlich weit über sie hinaus. Ich empfand eine unverdiente Überlegenheit: Die Tatsache ihrer kleinen Statur schien mich größer zu machen.

Das weiß ich noch.

Als Studentin war ich von mittlerer Größe. Einsfünfundsechzig, stand in meinem Paß. Befand ich mich in einer Gruppe gleichaltriger Mädchen, so ragte ich nicht heraus (was ich gerne gewollt hätte), aber ich verschwand auch nicht in ihr. Dreißig Jahre später war ich im Vergleich mit den Studentinnen in meinen Seminaren klein. Die nachfolgenden Frauengenerationen hatte es gewissermaßen hinter meinem Rücken stetig in die Höhe getrieben. Diese Menschenverlängerung ist in nur wenigen Jahrzehnten gewaltig vorangekommen. Einsfünfundsechzig steht immer noch in meinem Paß. Jetzt hat mich das Alter vermutlich sogar schrumpfen lassen. Vielleicht würde ich wieder in so einen Rittersarg passen. Ich aber bin den Vergleichen enthoben, weil ich meistens sitze.

*

Einst

Einst, Anfang der siebziger Jahre ging ich mit einem Freund, den ich leider aus den Augen verloren habe, über die Buchmesse. Wir waren jung. Studenten. Wir merkten Bücher vor, die wir am letzten Messetag günstig an uns bringen wollten. Auf dem Gang zwischen den Verlagskojen kam uns, abgeschirmt durch einen Begleittroß, der damalige Bundespräsident entgegen. Unisono hörten wir uns sagen: »Den gibt's ja wirklich.« Wir lachten. Wir waren gut gelaunt und vorbereitet auf das Medienzeitalter. Zwei Gänge weiter trafen wir wieder auf einen deutlich begleiteten älteren Herrn, den ich nicht hätte identifizieren können. Der damalige Freund sagte: »Und der wäre, wäre die Geschichte anders verlaufen, heute unser Kaiser.« Auch das fand ich komisch.

Um auch ihn zu erheitern, erzählte ich, daß meine Mutter mir, als ich noch ein kleines Mädchen war, erzählte, daß sie, als sie noch ein kleines Mädchen war, den deutschen Kaiser zu Pferde gesehen habe. Einst. Auf einem Schimmel, in Köln, glaube ich.

*

Zufall

Je älter ich werde, um so mehr begrüße ich den Zufall, mein bisheriges Leben in einem Zeitraum verbracht zu haben, der von der Verderbnis des Krieges nicht berührt war. Schonzeit, Schonraum. Schließlich kennt die deutsche Geschichte nicht viele Phasen solcher Schreckenlosigkeit. Das fällt mir gerade jetzt zunehmend auf, jetzt, da die Zeichen von kommenden ungekannten Wirbelstürmen künden. Da könnte man fast froh sein, etliche Jahrzehnte hinter sich zu haben. (Das aber heißt: älter sein.) Andererseits: Man kann ja schlecht hoffen, daß man, bevor die neuen Taifune einsetzen, schon tot sein wird. Vielleicht aber doch.

Jetzt (2004)

sehe ich eine Fernsehwerbung, in der der Vertreter einer Lebensversicherung, sich an den einzelnen seiner anonymen Zuschauerschaft wendend, drohend fragt, ob der sich das Älterwerden finanziell leisten könne. Nein, kann ich eigentlich nicht. Da es für ein lebensversicherndes Sparvorhaben jetzt schon ein bißchen zu spät ist, handelt es sich wohl um eine Aufforderung zum Suizid.

Alarm

Wir, die kurz nach dem verlorenen Krieg Geborenen, wurden, als wir in das bundesrepublikanische Wirtschaftswunder des vergangenen Jahrhunderts hineinwuchsen, früh für unsere Kriegsverschonung dankverpflichtet. Diese pauschale Obligation mag Spätgeborene dazu verführt haben, noch im fortgeschrittenen Leben statt vom Zufall von einer Gnade zu sprechen.

»Ihr wißt gar nicht, wie gut ihr es habt.« Das hörten wir als Kinder ständig von tatsächlich oder vermeintlich Unverschonten, den Entronnenen. Das wollten wir aber gar nicht hören und auch nicht wissen. Ich war froh, daß meine Eltern mich mit Jeremiaden dieser Art nicht behelligten. Ich wollte das Guthaben gratis. Aber zu Besuch bei anderen Familien, bekam ich sie zu hören, die immer irgendwie gleichartigen

Erzählungen von Stalingrad, Fliegerangriffen und verlorenen Gütern im Osten. Sie setzten ein, wir hörten weg. Denn stets mündeten sie in dem Hinweis auf unsere Unwissenheit und waren begleitet von einer diffusen Schuldsuggestion. Auch manche Lehrer sahen in uns ein ideales Publikum für ihre Landsergeschichten. Wozu dienten diese Erzählungen? Sollten sie uns in eine Kontinuität zwingen? Ging es um eine Angsteinübung? Wollten die Erzähler sich bei dieser Zwangszuhörerschaft nur nervlich ein wenig entlasten? Oder wollten sie uns warnen? An die Warnung glaube ich nicht.

Ich besuchte schon etliche Jahre das Gymnasium, als während einer Schulstunde zum ersten Mal nach dem Krieg ein Probealarm ausgelöst wurde. Die Sirenen heulten markdurchdringend, und einigen von uns albernen Gänsen, die wir damals waren, wurde doch etwas mulmig. Unser Lehrer aber, auch so ein Spezialist für die Erzählung von Front und Luftschutzkeller, zuckte nicht mit der Wimper. Der ignorante Sack unterbrach nicht einmal seinen Satz.

(Es erhebt sich allerdings die Frage, ob sich das, was ich hier schreibe, so wesentlich unterscheidet von der Reklamation verlorener Güter in verlorenen Räumen.)

Das lose Ende

Ich habe mich später oft gefragt, warum uns diese Erzählungen als Kinder so kalt ließen. Waren wir doch am Kriegerischen durchaus interessiert (Römer, Ritter, Indianer, Piraten). Wir liebten Katastrophenlieder (»Wir lagen vor Madagaskar und hatten die Pest an Bord ...«). Wir liebten Geschichten von Kampf und Schlacht zu Lande und zu Wasser und in der Luft. Wir liebten erzählte Gefahren. Wir liebten die Eindeutigkeit von Siegen und Niederlagen. Aber jene notorischen Erzählweisen der fünfziger Jahre vom vergangenen Krieg erheischten Empathie, ohne die altersgerechten Einstiegsbedingungen zu liefern. Eine anknüpfungsuntaugliche Erregung wurde larmoyant vorgetragen.

Ich glaube, die Gründe für unsere Teilnahmslosigkeit lagen in dieser Überforderung. Es waren Geschichten von Besiegten, die sich als solche nicht klar zu erkennen gaben. Gewiß, der Russe war schlimm und auch sein Winter, aber es fehlte das Moment des Tragischen, der schuldlosen Verstrickung, der ungerechten Heimsuchung, der unumstrittenen Schurkenhaftigkeit des Feindes. Man sage nicht, Kinder hätten dafür kein Gespür. Ich glaube heute, wir spürten: Die Erzähler waren verbittert, nicht erbittert. Sie klagten, aber sie reckten nicht zornberechtigt die Faust zum Himmel. Sie hatten Grelles erfahren, aber das Bild blieb trüb. Die kämpferischen Details waren nicht eingeschrieben in eine große Geschehenskarte. Sie hingen an losen Fäden. Das Trübe und die unaufgelösten Reste waren unserem kindlichen Vitalismus unangemessen.

Sie erreichten uns nicht, nicht im Heroismus, nicht in der Schmach. Das konnten sie nicht, und wir konnten nicht wissen, warum sie es nicht konnten.

Zwei Geschichten vom Krieg aus zweiter Hand

Vielleicht hat die kleine elterliche Verschonung auf dem Feld der erzählerischen Schuldsuggestionen dazu geführt, daß ich für die große Verschonung, die Windstille eines langen Friedens, wahrhaftig so etwas wie Dankbarkeit entwickelt habe. (Gibt es eine Dankbarkeit ohne Adressaten?)

Dabei verhielt es sich nicht etwa so, daß die Erinnerung an den Krieg familiär einfach ausgespart worden wäre. Es gab nur keine narrativen Verabredungen. Hin und wieder schossen die vergangenen Bedrohungen ins Gespräch, eher angelegentlich, in der Rede der Mutter fast lakonisch. Dann etwa, wenn sie ihre Weigerung begründete, in der Schule mit meinen Lehrern über mich zu sprechen. Sie habe zwei Weltkriege und eine Inflation erlebt, sie wisse nicht mehr, zu welchen Übereinkünften sie mit amtlichen Erziehern kommen solle.

Zwei Geschichten vom Krieg, die meine Mutter ohne Larmoyanz, fast schon komisch erzählte, prägten sich mir ein:

Geschichte I

Als eine Bombe in ihr Haus in München-Harlaching einschlug, so daß das ganze Gebäude erst in Flammen stand, dann in Trümmern lag, krochen meine Eltern und der Dackel wohlbehalten aus einer Kellerluke und rannten, da die Fliegerangriffe noch anhielten, in den nächsten Luftschutzkeller. Dort saß meine Mutter einer kataplektisch erstarrten Frau gegenüber, die sich ebenfalls gerade aus einem zerstörten Haus gerettet hatte. Der noch jungen Frau rannen, da ihr durch herumfliegende Glassplitter etliche allerdings harmlose Schnittwunden am Haaransatz zugefügt worden waren, blutige Rinnsale über das Gesicht, so daß sie, erzählte meine Mutter, wie eine Heilige auf einem Votivbildchen ausgesehen habe. Auf ihrem Schoß habe sie in verkrampften Händen alles gehalten, was sie hatte retten können: ein kleines Tablett mit Mokkatassen aus hauchdünnem Porzellan.

(Zu den wenigen Gegenständen aus urgroßmütterlichem Besitz, die siebenunddreißig Jahre später nach dem Tod meiner Mutter zu mir gelangten, gehörten vier zarte Mokkatassen der Biedermeierzeit. Ich habe mich bei der Betrachtung dieser fragilen Erbschaft oft gefragt, ob meine Mutter sich in der Beschreibung der jungen Frau selbst gespiegelt hat. Ich glaube das aber nicht, sie neigte nicht zu narzißtischen Erzählfiguren.)

Geschichte II

Ausgebombt und evakuiert aufs oberbayerische Land, ging meine Mutter zu einem kleinen Provinzbahnhof, um in den nächstgelegenen etwas größeren Ort zu fahren. Als sie dem Bahnhof zustrebte, bemerkte sie, daß sich Tiefflieger näherten. Im nächsten Moment wurde sie von einer gewaltigen Druckwelle in die Luft geschleudert. – Sie stand auf. Sie fand sich unverletzt. Sie sah, daß von dem Bahnhof nur noch brennende Trümmer übriggeblieben waren.

Da es, so erzählte meine Mutter, keinen Sinn gehabt hätte, zu einem Bahnhof zu gehen, den es nicht mehr gab, sei sie nach Hause gelaufen. Dort erst habe sie wahrgenommen, daß ihr Haar völlig verfilzt gewesen sei und daß in dem Hornkamm, mit dem sie es am Morgen hochgesteckt habe, zwei Zähne fehlten. Da wurde ihr schwindelig.

(Es habe Schlimmeres gegeben, fügte meine Mutter diesen Erzählungen an, und ich nehme mir übel, daß ich es notwendig finde, diese Anfügung anzufügen.)

*

Und wir?

Über keine Krankheit werden so viele Witze gemacht wie über die Krankheit mit dem Namen Alzheimer. Die nackte Angst. Eine Krankheit, die zunehmend alle Erinnerungsspuren löscht und damit das Material, aus dem wir unser Ich zwanghaft und willkürlich zugleich immer wieder erstehen lassen. Eine Krankheit, die vor dem Tod schon das, was wir unser Ich nennen, vernichtet. Wandelnde Hüllen. Ganz nah an der Idee des Gespenstes.

Und wir, die mit den »normalen« Erinnerungsverlusten? Haben wir wirklich gelebt? Ja, natürlich. Natürlich? Schon ist

Trost geboten: Selbst wenn wir uns an nichts mehr erinnern könnten – es gibt ja schließlich Zeugen. Unsere Eltern, unsere Geschwister, unsere Freunde aus dem Sandkastenleben, unsere Freunde und Feinde aus dem Schulleben, unsere Freunde und Feinde und Bekannten aus dem Studienleben, unsere Freunde und Feinde und Bekannten und Kollegen aus den Berufsleben, unsere Freunde und Feinde aus dem Privatleben, unsere Freunde aus den schlechten Zeiten.

Begleitung aus vielen (zu vielen?) aufeinanderfolgenden und parallel laufenden Leben, die doch nur eines sind und, wenn wir Karl Kraus glauben, nicht einmal das. (»Man lebt nicht einmal einmal.«) Wenig Vorhänge, aber viel Publikum hat so ein Leben. Es ist jedoch ein unkonzentriertes Publikum, das rein und raus geht, das oft schon vor der Pause die Veranstaltung verläßt. Man kann nur hoffen, daß zum Schluß noch einer da sitzt. Er muß ja nicht applaudieren.

Mit der Zeit werden es weniger Zeugen. Die Eltern sterben. Und bald fangen auch die etwas älteren Freunde und schließlich die gleichaltrigen damit an.

Manche aber traten einfach heraus aus dem eigenen Leben, verloren sich undramatisch in anderen Lebensräumen, tauchten ab in ferne Freundschaftszusammenhänge. Und die, die man selbst inzwischen geworden ist, möchte gar nicht so genau wissen, was sie, riefe jemand sie zur Zeugenschaft auf, zu berichten hätten, von dem Menschen, der man aus ihrer Gedächtnisperspektive einmal vor zwanzig Jahren gewesen sein soll. Solche Erinnerungen sind erfahrungsbeliebig.

Die Zwischenzeit und das Jetzt sind weder durch die Gemeinsamkeit von frischen Erfahrungen noch durch die kommunikativen Interpretationen alter Erfahrung, noch durch die synchronisierende Verständigung darüber, was überhaupt als signifikante Erfahrung zu gelten hätte, gestützt. »Ich erinnere mich, daß du immer einen kirschroten Lippenstift trugst« (harmloses Beispiel), sagte jemand, der sagen darf, mich vor langer Zeit einmal gekannt zu haben. Kirschrot? Niemals!

Man selbst hat von dem Behaupteten, was zu unwichtig scheint, als daß es auch nur bestritten werden müßte, keine Erinnerung, schnurrt aber im Moment dieser Aussage, die jemand für eine Kennzeichnung hält, auf das Format eines Kirschmündchens zusammen. Da kann man nichts machen.

*

Das Gedächtnis der Gefühle

Da war mal was, und ich weiß nicht mehr, was, und es war nicht gut.

Das geht mir jetzt manchmal so, ich begegne Leuten, die ich nicht besonders gut kenne und die ich lange nicht gesehen habe, und ich durchwühle mein Gedächtnis: Wo bin ich ihnen einst begegnet, wie lautet ihr Name doch gleich – und bevor noch mein Gedächtnis antwortet oder auch nicht, weiß ich, nein, fühle ich genau, ob mein Verhältnis zu diesem Menschen einst zuneigend oder ablehnend war.

Könnte es sein, daß die emotionalen Erinnerungsspuren, wenn das große Vergessen (ein ungebetener Begleiter des Alters) einsetzt, am längsten sichtbar bleiben? Daß es eine Empfindung ist, die noch am weitesten in die verdunkelten, ja, unbegehbaren Räume der Vergangenheit reicht?

In einem ergreifenden Film über die Schauspielerin Marianne Hoppe (*Die Königin*. Regie: Werner Schroeter) unterhält sich die große Mimin mit ihrer Kollegin Lola Müthel. Sie sprechen von einer anderen Kollegin, die sie einst nicht mochten. Lola Müthel erinnert sich genau und kennzeichnet sie mit einer unguten Eigenschaft. Marianne Hoppe: »Ich hab auch kein gutes Gefühl, wenn ich den Namen ausspreche, aber ich weiß nicht mehr warum.«

Der Beginn dieses Gesprächs. Marianne Hoppe sitzt an einem Tisch auf einer Bühne. Lola Müthel tritt aus dem Dunkel ins Bild, geht auf sie zu. Freudiges Erkennen. Auf beiden Seiten. Lola Müthel: »Mein ganzes Leben ist mit dir verbunden, das weißt du doch, oder weißt es auch nicht.« Marianne Hoppe: »Nein, weiß ich nicht.« Lola Müthel: »Aber du erinnerst dich doch an vieles?« Marianne Hoppe: »Ja, Ja. An was denn?« Die Absurdität dieses Dialogs ist beglückend aufgehoben in der Wärme einer zeitentbundenen Zuneigung.

Immer wieder im Verlauf des Films stellt Marianne Hoppe Fragen wie: »Warum lesen wir denn das?« – »Warum sitze ich hier?« – »Wie komme ich dazu?« – »Warum soll ich hier denn sein?«

Diese Fragen sind buchstäblich unheimlich. Es gibt sicher Leute, die dieser Unheimlichkeit ausweichen, indem sie sich ganz schnell auf eine medizinische Diagnose zurückziehen, mit denen möchte ich nicht so viel zu tun haben.

*

Erinnerungsverpflichtung

Das, was man gemeinhin unter der zunehmenden Individualisierung versteht, generiert, so vermute ich, in gleichem Maße zunehmend ein Bedürfnis, sich der Historizität der eigenen Existenz zu versichern. Die Suche nach der Möglichkeit, die individuelle Vergangenheit öffentlich bedeutsam werden zu lassen. Tagebücher, Chroniken, Lebensgeschichten, wohin man schaut. Feldpostbriefe werden ausgegraben, Genealogien erstellt, die Verlage kündigen in großer Zahl Familiensagen aus der Feder blutjunger Autoren an; eine Literaturagentin erstaunt mich mit der Behauptung, daß eine neue Gattung geboren sei, die sogenannten »memoires«.

Meine Freundin S. Sch. erzählt von einer erfolgreichen Freundin, die nicht wie alle anderen nach 1989 wurzelnsuchend zu den im Osten liegen Stätten ihrer Kindheit pilgerte, sondern lieber zu Hermès einkaufen gegangen ist. »Das ist ehrlicher«, sagt sie. »Erinnerungsgeschichten«, sagt sie, »sie sind doch meist ein Haufen Kitsch. Dieser Bekenntnisfuror, all die Hemdaufreißer«. Da kriege ich einen Schreck.

Fernsehen. Weißt du noch? Ununterbrochen die 60er-, 70er-, 80er-Jahre-Shows. Sogenannte Prominente aus dem Showgeschäft rufen signifikante Erinnerungen ab: bebildern sich selbst »in jünger«, wie sie einen weiland populären Schlager (wann wurde dieses Wort aufgegeben?) sangen, oder sie rufen aus den Archiven Bandbeispiele anderer Gleichaltriger ab, die damals und jetzt von Gleichaltrigen medial wahrgenommen wurden und werden. Ja, so waren wir damals. Solche Frisuren trugen wir, solche Kleidung. Wir haben eine eigene und eine allgemeine Geschichte. Wir waren, wir sind. Erinnerungsbeispiele. Der Drang, sich durch solche Beispiele auf die gemeinsame Tatsächlichkeit einer gleicheindrücklichen Erfahrung der Vergangenheit zu verpflichten, wächst.

Ruhmsucht (Vermutungen)
Die Sehnsucht nach Anerkennung ist vermutlich nichts anderes als der Versuch, die Interpretationen der anderen zu dem, was die gemeinsame Lebensspanne geschichtsmächtig und alltagscoloriert bestimmt, mit den eigenen Erinnerungsbildern verträglich zu halten. Solide Verabredungen für eine Rahmung der individuellen Gedächtnisbilder.

Macht: Das ist vermutlich auch die Möglichkeit einer Verpflichtung anderer auf die eigenen Erinnerungsschwerpunkte und Erfahrungsinterpretationen. Das ist bekannt: Die Sieger haben die Interpretationshoheit. Und das ist immer eine zusätzliche Demütigung der Besiegten. Die private Erinnerung an die Hochzeit von X, im Jahre 1939 so glanzvoll gefeiert, schien 1945 nicht mehr ganz die gleiche zu sein (war nicht auf dem unauffindbaren verwackelten Film, der das Paar vor dem Rathaus zeigt, eine Nazifahne zu sehen?). Sie, die Erinnerung, hatte für X ihre private Unschuld verloren; wie vielleicht sogar die frohe Kindheitserinnerung von Y an den Ostseesommer 1981 in einem Land, das es politisch nicht mehr gibt, auch sie erscheint jetzt zuweilen verteidigungsbedürftig. Erinnerungsverdächtigungen, ob berechtigt oder nicht, demütigen. Jahre, ja Jahrzehnte der Existenz werden von außen in ein Zwielicht gesetzt, das auch die besonderen, inneren Vergegenwärtigungen schattiert. Vermutlich erscheint das manchen wie eine Biographieenteignung. Vermutlich wechseln wir alle immer mal wieder die Kulissen und die Beleuchtungen, in die wir unsere Erinnerungen stellen. Dabei aber können wir uns die Illusion einer selbstbestimmten Gedächtnisregie leisten.

Der Mensch, auch wenn er jetzt statistisch gesehen ein höheres Alter erreichen kann, hat nicht so viel Lebenszeit zur Verfügung, als daß er einige Jahrzehnte oder auch nur eines davon schlicht abschreiben könnte. Vielleicht gründet das Schweigen der Väter meiner Generation, befragt nach ihrem Leben während der Zeit des Nationalsozialismus, nicht immer nur – das war der Generalverdacht – in einer Schuldverdrängung, sondern in manchen Fällen auch in einer vergeblichen Rettungsabsicht: dem Versuch der Rettung privater Erinnerungsidyllen.

Ruhmsucht: Sie ist vermutlich verbunden mit dem Versuch

einer totalen Synchronisation. Die Verpflichtung aller auf eine einzige, nämlich die eigene Perspektive; die verabsolutierende memoriale Zurichtung sogar zukünftiger Generationen auf die eigenen biographischen Legenden. (Schreiben Sie das auf, Eckermann!; Notieren Sie, Riemer!) Goethe, ein Meister des Marketing, hat es vermocht, daß ein ganzes Zeitalter unter seinen Namen sortiert wurde. Die Geschichte und das Land, Zeit und Raum hereingeholt in die eigenen vorauseilend nachgelassenen Imagines. Das muß man erst mal schaffen.

Einsamkeit: daß man, älter geworden, allein ist mit seinen Erinnerungen; daß die, mit denen Erinnerungsverabredungen bestanden, nicht mehr erreichbar oder gar nicht mehr sind; daß kaum etwas von dem, was öffentlich über die zurückliegenden Zeiten verlautbart wird, noch verträglich mit den privaten Rückblicken ist; daß die Jugenderinnerung für die jetzt Jugendlichen klingt wie eine Erzählung aus dem Dreißigjährigen Krieg.

Glück: Gute, langwährende Ehen, alte Freundschaften beglücken vermutlich durch einen Erinnerungsaustausch, der beständig durch die Filter aller hinzukommenden Erfahrung hindurchgetrieben, erneuert und lebendig gehalten wurde bis zu dem Punkt, an dem ihr Witz und ihre Wahrheit nicht mehr im Anspruch auf eine allgemeine Geltung, sondern in den Akten dieser vertrauten Verständigung selbst liegt. (Kundera hat darüber klug geschrieben.)

*

Der Kuß der Tosca

Lichtenberg: »Man wird grämlich, wenn man alt wird, oder wenn Liebe, oder auch oft, wenn Freundschaft alt wird. Es können Dinge bei einem alt werden, obgleich man selbst jung bleibt. Manche Leute glauben, Sommer und Winter scheiden sich immer mit einem Donnerwetter.«

Wenn Alter primär als körperliche Hinfälligkeit gesehen werden müßte, wäre ich früh ganz alt gewesen.

Il Bacio di Tosca ist der Titel eines mich beeindruckenden Films von Daniel Schmid über ein von Giuseppe Verdi gestiftetes Heim für alte Künstler (vornehmlich Sänger). Die alten Sänger werden gezeigt in ihrer Trauer darüber, daß die eigene Stimme vor ihnen starb.

Mißverständnis: Als meine Hände nicht mehr ganz präzise das taten, was ich wollte, war ich froh, das Klavierspielen vor langer Zeit aufgegeben zu haben, bevor ich gut darin werden konnte, weil ich es in dieser Verfassung auf keinen Fall mehr hätte sein können. Erspartes Können. Das ist schwachsinnig. Ebensogut könnte man gleich nicht leben.

L. Z.

Ähnlich verhielt es sich beim Versuch, das Rauchen zu reduzieren. Der gute Vorsatz im süchtigen Spiel: Nur alle zwei Stunden eine Zigarette. Ich saß da und hoffte auf das Vergehen von zwei Stunden meiner Lebenszeit. Das hat ja auch keinen Sinn.

Es gab in jüngeren und mittleren Jahren einige ernsthafte Versuche, dieses Laster endgültig zu besiegen. Ich weiß noch, wie ich mich über den Genußverlust mit der Überlegung hinwegzutrösten suchte, daß ich ja im Alter von ungefähr sechzig Jahren wieder damit anfangen könne. Was hatte die, die ich damals war, sich eigentlich dabei gedacht? Daß einer Sechzigjährigen ein Herzinfarkt nichts mehr ausmachen würde? Daß es auf ein Karzinom mehr oder weniger dann nicht mehr ankäme? Wie soll ich auf junge Altersignoranten böse sein, wenn meine Erinnerung mich selbst sogar in eigener Sache dieser Ignoranz überführt? Jetzt komme ich an die Schwelle des projektierten Wiederanfangs und habe nie dauerhaft aufgehört. Das letzte Laster.

»Natürlich können Sie mit dem Rauchen aufhören, Sie müssen es nur wirklich wollen«, sagt der Mediziner. Wie aber kann man Wollen wollen?

*

Hinsehen

Was ich früh wußte: Du mußt hinsehen, sonst wirst du es nie mehr los. Hinsehen, zur Kenntnis nehmen.

Ich hatte die Pubertätssorge, nicht mehr als Kind gesehen werden zu wollen, hinter mir, weil mich meine Eltern nicht mehr als Kind ansahen. Ich zeigte Ansätze von Vernünftigkeit und war in einem guten Schwung. Aufbruch. Das Abitur – das »Zeugnis der Reife«, wie es damals noch gerne charakterisiert wurde –, war in Sichtweite, und ich plante mit einigen Schulfreundinnen eine Reise nach Italien. Ohne die Erwachsenen, in einem altersschwachen Mercedes-Benz, den uns irgend jemand zur Verfügung stellen wollte. Das war in den mittleren sechziger Jahren kühn, ein Teenagertraumprojekt.

Kurz vor Antritt dieser Reise starb unerwartet mein Onkel, der mehr war als ein Onkel, denn er hatte immer bei uns gewohnt, und ich liebte ihn. Ich habe seinen Tod nicht miterlebt. Er hatte einen Besuch bei Verwandten in einer nahe gelegenen Stadt gemacht, und, so wurde berichtet, hatte gesagt, daß er sich nicht ganz wohl fühle, hatte sich in einen Sessel gesetzt, hatte seinen kleinen Hund auf den Schoß gehoben, hatte noch einmal tief durchgeatmet und war gestorben. Der Hund kam zurück. Und ich entschloß mich zur Ignoranz.

Weil mein Onkel zuvor nicht krank schien, zum Zeitpunkt seines Todes abwesend war und ich die Leiche, die einmal mein Onkel war, nicht gesehen hatte, wollte ich daran glauben, das Ganze als ein zeitliches Problem angehen zu können. Ich erwog nicht die Möglichkeit, seinen Tod einfach zu verdrängen, aber die einer Vertagung meiner Trauer. Ich wollte so tun, als sei er von seiner Reise nur noch nicht zurückgekehrt, bis mein Italienabenteuer, auf das ich mich so sehr gefreut hatte, auch schon in der Vergangenheit liegen würde. Erst einmal im Vergangenen aufgehoben, wären Reihenfolgen nicht mehr von Bedeutung. Unangemessene Buchhalterei. Zukünftig zurückgekehrt, so redete ich mir ein, würde mir dann sein Fehlen in der gewohnten Umgebung angemessen zu Bewußtsein kommen. Meine Eltern, mit denen ich über meine autosuggestiven Einreden sprach und auch über deren praktische Konsequenzen, nämlich meine Absicht, sofort abzureisen und somit auch seine Beerdigung zu versäumen, reagierten ungewöhnlich scharf, obwohl ich das ganze rationalistische Programm abspulte: daß meine Anwesenheit bei irgendwelchen Trauerfeiern ihn auch nicht mehr lebendig machen würde, daß diese Trauerzeremonien doch nur schale Konventionen seien und (mein schäbigstes Argument) daß sie mich vermutlich, wäre ich schon aufgebrochen, nicht hätten rechtzeitig zurückrufen können.

Meine Eltern fanden den Einfall, mit dem Tod einen Aufschub aushandeln zu wollen – wie sie es ausdrückten –, kindisch, und ich bemerkte eine leichte Verachtung bei ihnen, die mich zum Bleiben zwang. »Bleib, tu es wenigstens dir selbst zuliebe, du mußt hinsehen, sonst wirst du es nie mehr los.«

Wie recht sie hatten, bemerke ich an dem, was der von ihnen vereitelte Versuch des Leidaufschubs doch noch bewirkt hat: Wann immer ich an meinen Onkel denke – und das geschieht oft – sehe ich ihn aufrecht auf dem Stuhl sitzen, mit dem kleinen Hund auf dem Schoß. Ich kenne das Muster des Sitzkissens, jede Maserung des Stuhls.

Dieses Bild, das ich nie sah, ist eine bleibende Erinnerung.

Wegsehen

Zuvor hatte ich schon einmal weggesehen.

Ich war etwa siebzehn Jahre alt. Mein erster Freund. Er war älter als ich, erheblich. Aus diesem und vielen anderen Gründen war ein Gelingen dieser Jugendliebe, die nur im meinem Part eine war, nicht möglich. Einige Zeit, nachdem wir ohne Trennungsdramatik diese Unmöglichkeit bemerkt hatten, erkrankte er auf den Tod. Ich besuchte ihn in zwei verschiedenen Krankenhäusern. Das erste Mal war er ganz grün. »Erschrecke nicht«, sagte er, »das kommt von dem Kontrastmittel, das sie mir für eine Untersuchung injiziert haben.« Ich erschrak aber doch. Er gab mir ein Bündel durchgeschwitzter Schlafanzüge mit, das ich bei meiner Mutter in die Waschmaschine steckte. Ich erzählte ihr von meinem Schreck. »Das klingt alles nicht gut«, sagte sie, »der Arme«. Bei meinem letzten Besuch kurz vor seinem Tod war er fast zu schwach zum Sprechen. »Das Sterben ist so schwer«, sagte er. Das erzählte ich niemandem. Ich war erstarrt. Hätte ich etwas für ihn tun können, ich hätte es vermutlich nicht vermocht. Überfordert. Das geht schnell.

Verspäteter, vielleicht verlogener Versuch der Salvierung: Ich war ziemlich jung und vollauf damit beschäftigt, das Leben schwer zu finden.

*

Nachruf

Daß man jemandem etwas nachruft. Dieser Ruf, der ihn nicht mehr erreicht, muß für die Ohren derer, die noch hören, so will es der Brauch, Gutes über den endgültig Abwesenden enthalten. (Die Unerhörtheit einer endgültigen Abwesenheit) Dieser jedoch hat zumeist während seines ganzen Lebens nicht halb so viel Angenehmes über sich gehört. Wenn man allerdings einem nur vorübergehend Abwesenden etwas nachsagt (er ist noch nah, man kann noch sprechen, muß noch nicht rufen), ist die Nachrede meist nicht sehr günstig. Eine üble Nachrede.

Mir fiel das wieder auf, als mein Freund K. M. M. starb und ich die Nekrologe in den Zeitungen las. Dort verzeichnete ein Nachrufender, der ihm nahestand, völlig zu Recht, die mangelnde Ehre, die die Umwelt ihm zu Lebzeiten erwiesen hatte.

Stolz und leise. Er war ein stolzer und leiser Mann gewesen, distanziert, intelligent, außergewöhnlich gebildet und auf eine altmodisch exotische Weise schön. Von deutschen Eltern in Asien geboren, hatten sich einige physiognomische Merkmale dieses fernen Kontinents wundersam in sein Gesicht geschrieben. Ich habe oft das Wort *interessant* gehört, wenn von ihm die Rede war. Frauen sagten das gern. Die Franzosen oder die Italiener hätten zumindest einen Akademiepräsidenten aus einem wie ihm gemacht, behauptete jemand scharfsinnig. Er hat für seine Zurückhaltung bezahlt. Sein Stolz (von den ganz Dummen als Arroganz gesehen) konnte bestraft werden, ohne daß man, da er nicht auftrumpfte, seine Gegenwehr fürchten mußte. Er war zu klug, um darauf zu rechnen, die Groben durch Feinheit beschämen oder sie durch präventive Dezenz von irgendeiner Indezenz oder Grobheit abhalten zu können. Er konnte nicht anders und hat sich so gefallen. Eitelkeiten, die nicht auf sichere äußere Gewinne zielen, sind liebenswert.

Ich aber glaube, ohne die Ignoranz der Zeitgenossen auch nur im mindesten rechtfertigen zu wollen, daß er an der Charakterisierung seiner selbst als *Geheimtip* auch seine Freude gehabt hat.

Die Verkennung ist immer auch ein Schutz, zumal wenn man an ein »richtiges« Erkennen nicht glaubt. Von mir geschätzten Dichtern der Vergangenheit, denen während meiner Lebenszeit allenfalls vorübergehend Aufmerksamkeit zukam (Hans Henny Jahnn, Djuna Barnes, Carl Sternheim, Mercè Rodoreda, Thomas Hardy, Anna Maria Ortese, Clarice Lispector – um nur die Beispiele, die mir gerade einfallen, zu nennen), habe ich den Schutz ihres (posthumen) Halbdunkels immer gegönnt – daß sie also nicht immer in aller Munde waren (schon der Ausdruck ist etwas eklig).

*

Eleganz und Jugend

Ganz junge Leute sind nie wirklich elegant. Zur Eleganz gehört nach meinem Dafürhalten eine gewisse (Nach-)Lässigkeit, die zur Müdigkeit tendiert. Sie ist den ganz Jungen nicht angemessen. Ältere Leute dagegen müssen sich Mühe geben, eine »natürlich« wirkende Eleganz (nichts ist unnatürlicher als Eleganz – außer bei Raubkatzen und Pferden), die den Anzeichen des Verfalls entgegenwirkt, herzustellen. Eleganz ist eine Balancefrage. Eleganz arbeitet (in bewußter Vergeblichkeit) gegen den Tod, ohne sich auf Jugend zu abonnieren.

(Ist das eine dieser Alterssentenzen, mit denen man Jüngeren auf die Nerven geht?)

*

Unwiderruflich

Einst, als ich jünger war, hat mich die Irreversibilität von Ereignissen oft unangemessen beschwert.

Kurze Zeit vor meinem universitären Abschlußexamen war ich bettlägerig krank. Ein studentischer Freund, im Studium schon fortgeschrittener – er stand bereits auf vertrautem Fuß mit dem Lehrpersonal – rief mich an, um mir einen Krankenbesuch anzukündigen, und er fügte dieser Ankündigung beiläufig hinzu, daß er Professor B. (bei dem ich nächstens eine Prüfung ablegen sollte) mitbringen werde. Bevor ich protestieren konnte, legte er auf und war nicht mehr zu erreichen. Ich mochte Prof. B., kannte ihn aber bis dahin nur aus dem öffentlichen Seminarbetrieb und empfand bei der Aussicht auf die anstehende Begegnung meine Reduktion auf die höchst private horizontale Sprechsituation als peinlich.

Dann war aber alles gar nicht so schlimm, die beiden kamen, brachten Blumen, erwähnten mit keinem Wort die anstehende Prüfung, überplauderten munter meine Bettlägerigkeit, wünschten artig gute Besserung und gingen wieder.

Als ich mich einige Stunden später ins Bad quälte, traf mich die Peinlichkeit doch noch mit ganzer Wucht. Ich sah, daß auf einem Tischchen in meiner kleinen Diele (in dieser Wohnung war alles klein) unübersehbar, und darüber hinaus wie zur beabsichtigten Unübersehbarkeit schräg drapiert, die jüngste Publikation des Professors lag. (Ein anderer Besucher mußte sie am Vortag dort hingelegt haben.) Ich erinnere mich, wie mir die Scham heiß durch alle Glieder fuhr. Man würde mich für eine Schleimerin halten, man würde mir einen Prüfungsopportunismus unterstellen, eine widerliche Anbiederei und dergleichen mehr. Am meisten aber quälte mich die Unauflösbarkeit des antizipierten Mißverständnisses: Schließlich konnte ich ja nicht zu ihm hingehen und sagen, er solle bitte nicht annehmen, daß ich das Buch in schnöder Berechnung dort placiert hätte. Zudem war ja nicht ganz auszuschließen, daß ihm das Arrangement vielleicht doch auch ein bißchen geschmeichelt hatte, überdies bestand die (unwahrscheinliche) Möglichkeit, daß es von ihm gar nicht bemerkt worden war. Da war nichts zu machen. Die Sache ging mir lange nach.

Noch heute wäre mir der Ruch einer Schmeichlerin unangenehm, aber in solche Nöte käme ich nicht mehr, über Vertracktheiten dieser Art würde ich mich altersmilde amüsieren. Damals aber hätte mich die Frage, ob ich keine anderen Sorgen habe, aufs äußerste erbittert.

Unauflösbar

Etliche Jahre später gehörten der Freund und ich selbst zum Lehrpersonal der Universität. Er litt an einer unheilbaren Krankheit. Er zog ein Bein nach (was seinen Charme und seine Chancen bei den Frauen nicht minderte). Insgeheim (nur für mich, nie ihm gegenüber) ernannte ich ihn zu meinem Bruder im Leid. Er war das, was die Leute einen begabten Hund nennen. Jeden Dienstag gingen wir nach der Arbeit mit anderen Freunden Pool-Billard spielen. Er war befähigt, aus dem Stand ein metrisch lupenreines und inhaltlich witziges Barock-Sonett über eine versehentlich versenkte schwarze Acht zu extemporieren. Er war ein ergiebiger Freund.

Beim Mittagessen, das wir zuweilen zu zweit in einem kleinen Restaurant einnahmen, brachte er mich zum Lachen, indem er ziemlich gute Behindertenwitze erfand. Ein anderes Mitglied des Lehrpersonals, seinerseits, wie man in Bayern sagt, pumperlgsund, setzte sich unaufgefordert zu uns und fand das geschmacklos. Da kann man auch nichts machen.

Stoa

Man soll nicht so an Sätzen hängen. Dieser Freund und ich sprachen nie über gesundheitliche Probleme. Bis auf diese Behindertenwitze gab es nur eine Anspielung, die er einmal völlig unvermittelt an mich herantrug. »Die Tassen mit dem Sprung halten am längsten«, sprach's und ging. Seltsam, wie mich diese schlichte Küchenweisheit über viele Jahre zu trösten vermochte. Bis zu dem Tag, an dem er mir eröffnete, daß er unabhängig von seiner Grunderkrankung eine schlimme Diagnose erhalten habe. Sie betraf die Krankheit, die meine Mutter zerstört hatte. Ich glaubte das Grauen zu kennen, das auf ihn zukommen würde. Er aber sagte: »Man soll nicht so am Leben hängen.« Ich war sehr beeindruckt und dachte: Dahin muß man kommen. Dann aber, als es ihm zunehmend schlechter ging, hat er doch am Leben gehangen. Er hat verzweifelt gekämpft. Ich glaube, man lernt den Grad dieser Anhänglichkeit erst in höchster existentieller Not kennen. Als ich wieder einmal in die Klinik ging, sah ich, als ich die Station betrat, seine Frau mit einer Krankenschwester auf dem Flur stehen. An ihrer Haltung erkannte ich schon von weitem, daß ich an diesem Tag zu spät gekommen war. Ich saß noch lange Zeit mit seiner Frau, die nun eine Witwe war, bei dem Leichnam, der einmal ein Freund gewesen war. Traurig war kein Wort dafür. Noch im Tod kündete alles von dem vorhergegangenen Kampf. Man hatte dem Toten mit einer weißen Bandage das Kinn hochgebunden. Die Gesichtszüge verzerrt, die Zähne hervortretend, die Haut gelb verfärbt, sah er aus, als wäre er aus unserer Zeit gefallen, wie ein Gefolterter auf einem Fresko von Ratgeb.

Was ist das nur für eine Einrichtung, daß man an schlechten Tagen mehr am Leben hängt als an den guten Tagen?

*

Gastspiel

Einst, als ich, wie man so sagt, zu Ende studiert hatte, machte ich das erste Staatsexamen. Kurz darauf erhielt ich von einem Regierungspräsidenten einen Brief, dem zu entnehmen war, daß ich umgehend an einem humanistischen Gymnasium meinen Dienst als Referendarin antreten solle. Eine Art Einberufung. Allerdings: Den Beruf, den das in Aussicht stellte, hatte ich keinesfalls ergreifen wollen. Aber, da ich gerade weiter nichts vorhatte, meiner verwitweten Mutter nicht länger auf der Tasche liegen wollte und es mir idiotischerweise plausibel schien, auf das erste Staatsexamen das zweite folgen zu lassen, ging ich hin.

Es herrschte gerade wieder einmal Lehrermangel (auf diesem Sektor gibt es nichts außer Mangel und Schwemme). Ich wurde vereidigt, mir wurde, ehe ich mich versah, eine Klasse zugewiesen, die ich in zwei Fächern unterrichten sollte, und ich hatte die übelsten Vorannahmen über meine Eignung für diese Tätigkeit.

Aber zu meinem Erstaunen machte das Unterrichten – gerade in dieser als anstrengend verrufenen Pubertätsklasse – Freude. Die didaktische Unterweisung, die wir jungen Referendare unsererseits erhielten, war nicht der Rede wert. Ins Wasser gestoßen, tat ich intuitiv das, was ich einst als Schülerin bei den Lehrern akzeptabel fand. Ich mochte die Schüler als Schüler und manche auch einzeln, und die meisten Schüler mochten mich, als Lehrerin, glaube ich.

Das war aber auch die einzige Freude in dieser Zeit. Ansonsten: Erlasse, Konferenzen, Lehrerzimmer, Elternabende – das ganze lähmende Rahmenwerk.

Ich verlor während dieser Zeit meines Referendariats etliche Freunde aus den Augen. Das frühe Aufstehen erzwang zeitiges Schlafengehen, machte ungesellig. Entscheidender war der Attraktivitätsschwund: Meine Reden – ich bemerkte es selbst – erhielten zunehmend den Beigeschmack von Feuerzangenbowle. Das Gymnasium galt als sehr konservativ. Meine Freunde hatten geglaubt, mich trösten zu müssen, so als wäre ich gezwungen, in eine Strafkolonie einzurücken. Aber wie viele sogenannte Achtundsechziger neigte ich heimlich zu einer Überschätzung des Konservativen. Nach all dem Revoltechaos ersehnte und erwartete ich Solidität und Seriosität – und fand Mißtrauen und Muff.

Einmal unterhielt ich mich mit einem älteren Lehrer, den ich mochte, in der Eingangshalle der Schule. Wir waren beide kurz vorm Absprung. Ich hatte gerade das zweite Examen hinter mich gebracht, er stand vor seiner Pensionierung. Ein Elternabend war anberaumt. Der ältere Lehrer sagte tatsächlich zu mir: »Ich verstehe das nicht, die Eltern werden auch immer jünger.« Damit war der letzte Wink gegeben, diesen Beruf keinesfalls auszuüben.

Entscheidender für den Verzicht auf ein gesichertes studienrätliches Dasein waren die Zureden derer, die es gut mit mir meinten. In Erwägung meiner angegriffenen Gesundheit solle ich mich doch lieber auf diese sicherere Seite des Lebens begeben. Dort wollte ich aber noch nicht hin.

Ausschlaggebend für meinen Verzicht war jedoch die neue Bekanntschaft mit den vielen Lehrern, die sich in eine verfehlte Zukunft gestellt sahen. Musiklehrer, die vordem Konzertpianisten, Mathematiklehrer, die vordem Nobelpreisträger, Kunstlehrer, die vordem Maler, Deutschlehrer, die vordem sonst was hatten werden wollen. Sie waren keine guten Lehrer.

Also wurde ich lieber gleich sonst was.

(Ich überlege, ob diese Überschätzung des Konservativen nicht ein verborgenes Revolteingredienz gewesen sein könnte. Im Mutwillen mancher Regelverletzung lag auch deren Anerkennung. Dann aber denke ich, daß die klappernde Dialektik solcher Gedankenspiele in den letzten Jahrzehnten etwas aus der Mode gekommen ist. Zu Recht.)

(Aus der Erfahrung meiner pädagogischen Bemühungen – das kurze gymnasiale Gastspiel und eine zwanzigjährige Lehrtätigkeit an der Universität – könnte ich nur zwei didaktische Empfehlungen weitergeben:

Unter der Voraussetzung, daß man die jungen Menschen mag – sie ist unabdingbar –, gilt es, sie ein wenig zu überfordern und gleichzeitig stark zu ermutigen. Darin haben mich kürzlich zwei Dokumentarfilme bestätigt, der eine zeigt die Pädagogik eines französischen Dorfschullehrers, der andere die Arbeit eines englischen Choreographen mit Berliner Jugendlichen.)

*

Geschenk

Als am Tag der Beerdigung meiner Mutter strahlender Sonnenschein über der Welt lag, schenkte mir mein Freund H. J. P. einen Ausdruck: »Wie zum Hohne.«

Die Rache der Turnlehrerin (Wie zum Hohne)
»Es ist irgendwie nicht in Ordnung, daß eine so alte Frau Turnen lehrt.« Das sagte ich im Alter von, na, sagen wir, zwölf Jahren zu einer Klassenkameradin. Die Äußerung zielte auf eine sanfte, sehr fromme Lehrerin, die uns für ein oder zwei Jahre in den Fächern Sport und Religion unterrichtete. Sie trug einen weichen Haarknoten, hatte kräftige Waden und setzte die Füße beim Gehen nach außen. Sie war mir nicht unsympathisch, und ich sagte das ohne Bosheit, mit der Kälte der Jugend. Eine Tatsachenfeststellung eben.

Ich war Mitte dreißig, hatte gerade eine neue Wohnung bezogen (im Parterre, da ich nicht gut laufen konnte), saß zuversichtlich auf noch unausgepackten Umzugskartons, rauchte eine Zigarette und schaute aus dem Fenster, als diese Turnlehrerin, fast auf Augenhöhe und sehr behende, meinen neuen Fensterausschnitt durchquerte. Ich hatte zwischenzeitlich nie mehr an sie gedacht. Sie trug immer noch einen weichen Haarknoten, hatte immer noch kräftige Waden und setzte die Füße beim Gehen nach außen. Gewiß, sie war etwas älter als ich, aber keineswegs alt.

Während der zwanzig Jahre, in denen ich in dieser Wohnung wohnte, sah ich sie drei- bis viermal im Jahr (gerade so selten, daß ich niemals darauf gefaßt war) an meinem Fenster vorübergehen. Die letzten Jahre ein wenig gebeugt, aber immer noch sehr alert.

Vor zwei Jahren zog ich abermals um (wieder ins Parterre, da ich noch schlechter laufen konnte). Als ich im Zustand großer Erschöpfung auf den Kartons saß und aus dem Fenster schaute, habe ich sie fast schon erwartet. Und sie kam. Zugegeben, sie war jetzt eine ältere Frau, aber das bin ich auch. Demnächst werde ich vielleicht in eine andere Stadt ziehen (selbstverständlich in eine Parterre-Wohnung, da ich kaum noch laufen kann). Ich bin sicher, sie wird auch dort wieder hurtig an meinem Fenster vorbeieilen. Wie zum Hohne.

Ich glaube aber trotzdem nicht, daß jeder Hochmut bestraft wird. Zieht man die Mystifikationen ab, in die wir unsere kleinen Lebensepisoden gerne tauchen, so bleibt eine schlichte Erfahrung, die Lichtenberg schon formulierte: »Wenn man selbst anfängt alt zu werden, so hält man andere von gleichem Alter für jünger, als man in früheren Jahren Leute von eben dem Alter hielt ... Mit anderen Worten: Wir halten uns selbst und andere noch in denen Jahren für jung, in welchen wir, als wir noch jünger waren, andere schon für alt hielten.«

*

Das feuerrote Spielmobil

2001 – Ich bin umgezogen. Nach Berlin. Eine Stadt, von der ich nur den westlichen Teil während früherer Besuche, noch gehfähig, kennenlernen konnte. Um wenigstens die nähere Umgebung meiner neuen Wohnung wahrnehmen zu können, kaufe ich ein Elektromobil. Ein Fahrzeug für Leute, die gar nicht mehr oder nicht mehr gut gehen können: Behinderte, Alte. Es ist richtig teuer und sieht aus wie eine Mischung aus einem vierrädrigen Motorroller für Zwerge und einem Jahrmarktsscooter. Ein eilfertiger Verkäufer erklärt: »Auf dem Trottoir sind Sie der stärkste, auf der Straße der schwächste Verkehrsteilnehmer. Da Sie niedrig sitzen, kann ein Autofahrer Sie leicht übersehen.« – »Nimm es in Rot«, sagt meine Freundin S. Sch., »aus Sicherheitsgründen.« Das Ding ist ekelerregend niedlich. Die Kinder beneiden mich. Wenn ich vor einem Straßencafé parke, sitzt binnen kurzem eine begeisterte Kinderhorde auf dem Gefährt. Das ist alles sehr lustig.

Irgendwie muß ich mir meinen letzten Autokauf anders vorgestellt haben.

*

Dankbarkeit

Einst, als junge Frau befand ich meine Beine und mich selbst als ein wenig zu kurz. (Solche Probleme leben sich weg). Aus diesem Grund trug ich gerne Pumps oder Sandaletten mit beachtlicher Absatzhöhe. Da ich bereits gehbehindernd erkrankt war (wenn auch noch nicht sehr sichtbar), und immer wieder bei Medizinern vorstellig werden mußte, war ich jedem Arzt dankbar, der sich den Satz: »Na, solange Sie noch auf solchen Schuhen gehen können …«, verkniff.

Irgendwann konnte ich nicht mehr auf »solchen Schuhen« gehen. Aber auch meine gleichaltrigen gesunden Freundinnen stiegen von den Kothurnen. Da muß man sich überlegen, wohin man den Verlust sortiert.

*

Schwur Spiel

»Ein Gelübde zu tun ist eine größere Sünde, als es zu brechen.« (Georg Christoph Lichtenberg)

Kindheit: Glück, das war Nicht-zur-Schule-Müssen, Nicht-Hausaufgaben-machen-Müssen, Nicht-bei-Tische-geradesitzen-Müssen, Nicht-Hände-waschen-Müssen, Nicht-spazieren-gehen-Müssen, Nicht-Museen-, Dome-, Kathedralen-, Schlösser-besichtigen-Müssen mit den Eltern. Glück: Das war Lesen und Spielen. Im Sommer: Schwimmen gehen. Erstrebenswert war Glück immer. Vielleicht konnte man es immer haben, wenn man immer tun konnte, was man will. Das aber konnten nur Erwachsene. Die waren aber, wie mir schien, deutlich sichtbar nicht ununterbrochen glücklich Es mußte daran liegen, daß sie zwar lasen, aber kaum spielten. Also kam es darauf an, gleichzeitig erwachsen zu werden, um tun zu können, was man will, und *das* zu bleiben, was man war: ein spielender Mensch. Ich schwor mir, in diesem Punkt niemals zu werden wie die Erwachsenen, und wußte im gleichen Moment, daß ich dieses Gelübde brechen würde.

Vielleicht ahnte ich, daß auch das Glück altert. Konnte ich das damals ahnen? Haben Kinder überhaupt schon einen Begriff vom Glück?

*

Verlorene Gesten. Mißverständnisse

Einst, als ich etwa zehn Jahre alt war (das glaube ich, noch zu wissen), hätte ich, unvorbereitet bei geschlossenen Augen befragt, keine genauen Angaben über mein Aussehen machen können, über meine Kleidung, meine Frisur, meine körperliche Beschaffenheit. Ich dachte nicht darüber nach, es interessierte mich nicht. So zu sein, wie ich war, schien mir normal; zu dünn, sagten die Erwachsenen.

Zu dieser Zeit lief ich morgens regelmäßig hinter zwei Primanerinnen her, die im Nebenhaus wohnten und den gleichen Schulweg hatten. Sie beachteten mich selbstverständlich nicht. Ich jedoch begann sie irgendwann, zu Objekten einer bestimmten Betrachtung zu machen. Sie waren fast schon das, zu dem auch ich, so war die Welt wohl eingerichtet, einmal werden sollte: eine Frau. Ich betrachtete ihre Beine, ihre Haare, ihren Gang, ihre Frisuren, ihre Kleidung, um gewissermaßen hinterrücks die mannigfaltigen Geheimnisse dieser Weiblichkeiten zu ergründen – und kam zu keinen gültigen Schlüssen.

Aber nach allem, was ich über die zweigeschlechtliche Aufteilung der Welt schon wußte, würde ich mich zweifellos dem, was da vor mir herging, zunehmend anverwandeln. Ich fand das weder schlecht noch gut – nur in weiten Teilen befremdlich.

Da ich mich stark von den Primanerinnen unterschieden wußte – wie überhaupt von allen ausgewachsenen Frauen –, versuchte ich, die Wunder der zukünftigen Mutation vorauseilend zu ergrübeln. Mir war schon klar, daß ein Teil des Kommenden in körperlichen Veränderungen begründet sein würde. Wachstum, Älterwerden nannte man das, aber es würde noch etwas Numinoses hinzukommen. Alles lief auf die Frage zu: Was mußte mit mir geschehen, um mich freiwillig in Stöckelschuhe, Nylonstrümpfe oder – eine kleiderästhetische Kühnheit, die die eine der beiden auszeichnete – einen engen Rock mit Dior-Falte zu bringen.

Der Schlüssel zu dem Geheimnis lag, dessen war ich sicher, in einer bestimmten Geste, die mir bei Frauen – und nur bei Frauen – immer wieder auffiel. Ein Ritual, wie ich dachte, eine verschämte Gebärde, die auf mich zugleich abstoßend und faszinierend wirkte. Immer wieder sah ich sie, die Spezies Frau, seltsam verdreht im Halbdunkel von Hauseingängen, Toreinfahrten, Gartenhecken stehen, den Rücken möglichen Passanten zugewandt, das eine Bein angewinkelt, Kopf und Rumpf dem Oberschenkel des angewinkelten Beins zugebeugt, den Rock etwas hochschiebend, nestelten sie unterhalb ihrer Hüfte irgendwie an irgend etwas herum, das meinem Blick verborgen blieb. Ich wahrte die Diskretion, die die Geste gebot – alle taten das –, und beließ es dabei, daß dies etwas sei, was einmal auf mich zukäme und damit alle Rätsel lösen würde.

Vier oder fünf Jahre später kam es auf mich zu. Die Anverwandlung hatte sich zu Teilen schon vollzogen, ohne daß es mir recht bewußt geworden wäre, jedenfalls beschloß ich, es avancierten Freundinnen gleichzutun und Nylonstrümpfe (und das ganze Drumherum) zu tragen. Meine Mutter kaufte mir daraufhin einen sogenannten Hüftgürtel, an dem seitlich vorne und seitlich hinten jeweils zwei Bänder, sogenannte Strapse, angebracht waren, an deren Ende sich kleine Gummipfropfen befanden, über die man den Rand der Strümpfe zog, um sie dann in einer mit dem Pfropfen verbundenen Spange festzuklemmen. Das Ganze war kein Spaß. Da ich immer noch sehr dünn war, also keine schwellende Hüfte besaß, die diesen Gürtel am Herunterrutschen hätte hindern können, mußte ich den Haken des am Rücken befindlichen Verschlusses in die hinterste Öse zwingen. Wenn ich den Gürtel, der im zwanzigsten Jahrhundert von dem, was einmal eine Korsettage ausgemacht hatte, übrig geblieben war, abends auszog, hatte er dunkle Striemen auf der Haut hinterlassen. Entscheidend für diesen Zusammenhang aber ist, daß die Gummipfropfen eine Tendenz hatten, sich zur unpassenden Zeit von den Strapsen abzulösen und verlorenzugehen. Man spürte plötzlich beim Gehen einen kleinen Ruck und sodann eine Schlaffheit des Strumpfgewebes am betroffenen Bein. Nun wußte man, daß der Strumpf nicht nur »Falten ziehen« würde, er hing auch bedrohlich locker an lediglich einer Spange. In diesem Fall gab es eine probate Maßnahme. Man führte immer einen Pfennig mit sich, durch den man den Pfropfen provisorisch ersetzten konnte. Das tat man im Schutz von Hauseingängen, Toreinfahrten …

Das, was ich für die sichtbare Verbergung eines geheimen Rituals gehalten hatte, erwies sich profan als technische Notlösung für ein Kleidermalheur.

Vielleicht aber lag in dieser Geste, die die Jüngeren nicht

mehr kennen, doch eine zeitgeschichtliche Signifikanz: eine verdrehte Verschämung der fünfziger Jahre.

Das Elend, das ich einmal für ein lockendes Geheimnis gehalten hatte, dauerte nicht lange. Wenig später gab es Strumpfhosen, und der Hüftgürtel wanderte ab in die Abteilung *erotica et varia*.

*

Und was bleibt noch zu sagen?

Die letzten an mich gerichteten Worte meiner Mutter: »Du mußt mehr Obst essen.« Nicht einmal das habe ich wirklich befolgt.

Eine Krankenschwester, die viel mit Sterbenden zu tun hat, erzählt, daß es die letzten »großen Worte« Sterbender nicht gibt. »Die meisten rufen nach ihrer Mutter. Männer wie Frauen.«

*

Prügelei

Einmal kam ich sehr verbeult und verkratzt aus der Volksschule nach Hause. Meine Mutter fragte besorgt nach der Ursache für mein demoliertes Aussehen. Ich sagte ihr stolz, daß es zu einem heftigen, auch körperlich ausgetragenen Konflikt mit anderen Kindern gekommen sei, weil diese behauptet hatten, sie, meine Mutter, »spräche rheinisch«. Damals mochte ich diesen Dialekt nicht. Der komische Bundeskanzler mit dem eckigen Kasperlekopf, auf dem ein Pepitahut thronte, war mit diesem Idiom behaftet.

Meine Mutter war nicht ergriffen von meinem heldenhaften Einspruch.

Sie lachte, strich mir über den Kopf, versorgte mich mit Pflastern und sagte: »Natürlich hört man, daß ich in Köln aufwuchs.«

Nachdem sie mir das gesagt hatte, konnte auch ich erstmals die Klangfärbung hören. Ich hatte mich von ihr entfernt, hatte wahrnehmen müssen, daß andere Menschen meine Mutter anders wahrnehmen als ich.

Heute liebe ich diesen Klang, weil er mich an meine Mutter erinnert.

*

Fernsehkonjunkturen

Zum ersten Mal fernsehen.

Die älteste Erinnerung: Ich, das etwa vierjährige Kind, das ich einmal war, sitze auf dem Schoß meiner Mutter. Meine Mutter blättert in einer Zeitschrift. Ich sehe ein Bild: einen Kasten mit einer Glasscheibe auf der Vorderfront. Auf der Glasscheibe befindet sich ein weiteres Bild, das Bild eines springenden Pferdes. Das gefällt mir. Ich zeige auf das doppelte Bild und frage meine Mutter: »Was ist das?« Meine Mutter sagt: »Das Bild zeigt ein Gerät ganz ähnlich dem Radio, auf dem überdies noch bewegliche Bilder zu sehen sind. Das Gerät«, so fügt sie hinzu, »gibt es nur in Amerika, vielleicht aber wird es einmal in ferner Zukunft auch in unser Wohnzimmer kommen.«

Das Bild und die Erklärung meiner Mutter blieben in meinem Gedächtnis haften, weil ich glaubte, daß es sich bei diesen laufenden Kastenbildern immer um springende Pferde handeln würde. Dann aber, als einige Jahre vergangen waren, ohne daß sich das Wunder der mütterliche Prophezeiung erfüllt hätte, schob ich beides ab in die Abteilung jener liebevollen

Lügenerfindungen, die Erwachsene für ganz kleine Kinder, zu denen ich wahrlich nicht mehr gehörte, bereithielten: Osterhasen, Hexen, Weihnachtsmänner, gute Feen, Sandmännchen. Ich war stolz darauf, diesem obskuren Wunderkram entwachsen zu sein. Ich war älter geworden, ich hatte vieles durchschaut, ich konnte schon auf einen Fortschritt zurück- und auf die, die ihn noch nicht vollzogen hatten, herabblicken. Ich war aufgeklärt.

Dann aber, eines Tages, das erinnerte Bild war schon ganz verblaßt, brachte mein Vater einen solchen Kasten ins Haus. Er schaltete das Gerät ein, und laufende Bilder waren zu sehen, wenn auch keine Pferde. Und ich geriet in eine Krise. Wenn es dieses ja doch gab, gab es vielleicht auch jenes, all das andere eben, gab es vielleicht auch Feen und dergleichen mehr. Ich befand mich auf schwankendem Boden.

Das Interesse meines Vaters an den ersten Fernsehgeräten war rein technischer Natur. Er hatte das Gerät nur zur Ansicht ausgeliehen. Ansonsten war er der Meinung, daß »fernsehen« eine Belustigung für Banausen sei. Der Kasten verschwand wieder. Und es vergingen erneut etliche Jahre, bis meine Mutter, mein Onkel und ich den Widerstand meines Vaters überwinden konnten und auch in unserem Wohnzimmer das Wunder seinen Platz fand und ich endlich fernsehen konnte.

Und ich sah fern. Ich hatte mich bei diesem wunderlichen Hin und Her infiziert. Ich freute mich, wenn der Kasten lief. Programmunabhängig. Meine Mutter, der die kulturkritischen Bedenken meines Vaters in einigen Stücken durchaus einleuchteten, teilte doch auch meine Begeisterung für das Wunder. Sie, geboren 1904, die gerne Berichte aus fernen Ländern sah und die sich bis zu ihrem Tod 1981 nicht abgewöhnen konnte, bei Ferngesprächen besonders laut zu reden, sagte oft, wie schön es für ihre Mutter (gestorben 1939) gewesen wäre, wenn diese, alt, krank und zur Bettlägerigkeit verdammt, solche Reiseberichte hätte sehen können.

Als das Fernsehen noch verboten war …
Na ja, verboten war es nicht gerade, aber doch beargwöhnt, belächelt. Intellektuelle legten in den sechziger und siebziger Jahren des vorigen Jahrhunderts Verachtung an den Tag. Ich aber sah fern. Und ich verleugnete das nicht, auch nicht während meines Studiums, als ich schon zu den Intellektuellen gehören wollte. Manchmal, wenn ich mit meinesgleichen zusammen war, bemerkte ich an dem, was jemand sagte, daß er im gleichen Moment die gleiche Assoziation hatte wie ich. Die aber konnte er nur haben, wenn er am Vorabend den gleichen Schwachsinn im Fernsehen angesehen hatte. Hätte ich ihn darauf angesprochen, hätte er es entweder geleugnet oder ein soziologisches Interesse behauptet. Mir genügten solche Erfahrungen, um die Verächter zu verachten.

Angenehmer waren mir die, wie mein Freund W. B., die sich das Gerät nie anschafften, aus Angst vor der Möglichkeit, ihm zeitraubend zu verfallen.

Ich gewöhnte mir nicht mehr ab, den Kasten anzuschalten, sobald ich das Zimmer betrat. Leben in der Bude. In den fünfunddreißig Jahren, in denen ich allein wohne, störte das nicht.

Besuch kommt, und ich vergesse, ihn auszuschalten. Daran, daß der Blick meines indignierten Besuchs an der Scheibe klebt, erkenne ich, was ich schon weiß: Ich schaue und höre eigentlich kaum hin. Warum mache ich ihn immer noch an?

Allein mit dem Kasten, hatte ich gelernt, ihn zu neutralisieren, vor allem dann, wenn ich arbeitete.

Anschalten. Wegsehen. Weghören
Ich kann seine optischen und akustischen Signale in meinem Kopf wegdrücken. Jemand, der mich liebhaben muß, hat einmal vermutet, daß gerade dieses Wegdrücken meine Konzentration auf meine jeweilige Arbeit erhöht. Ja, daß Konzentration für mich erst im Akt dieses »Wegdrückens« herstellbar wäre. Das ist eine Erklärung, die mir schmeichelt. Sie könnte stimmen. Ich bin auch in anderen Bereichen meiner Existenz lärmindolent geworden. Oder war es immer. Schon als Kind schlief ich am besten, wenn meine Eltern eine lautstarke Abendgesellschaft hatten.

Später konnte ich nur einschlafen, wenn ich zwischen den Lesestoff des Tages und den ersehnten Schlaf triviale Lektüren schaltete (mittelmäßige Kriminalromane zum Beispiel), sie durften mich nicht interessieren, weil ich anderenfalls nicht aufhören konnte mit dem Lesen. Ich mußte die Tagesreste wegdrücken. Aber dieses Einschlafritual war mit dem alterungsbedingten Einsatz einer im Bett immer verrutschenden Lesebrille verdorben. Dann bemerkte ich – auch ein Resultat meiner Wegdrückroutine –, daß der Schlaf beim desinteressierten Fernsehen schneller noch kommt als bei den unfeinen Lektüren.

Vor vielen Jahren sah ich im Fernsehen eine Reportage über Fernsehgewohnheiten in anderen Ländern.

Italien: bemerkenswert. Das Gerät ist dort in den Räumen des privaten Lebens immer eingeschaltet. Niemand schenkt ihm Beachtung. Alle sprechen. Es fällt nicht auf, daß aus dem Kasten weitere Stimmen kommen. Diese Ignoranz hat mich an mich erinnert. Auch im Osten scheinen sich diese schlechten Gewohnheiten durchgesetzt zu haben. »Bei dir ist es wie bei meinen russischen Freunden«, sagt mein Freund I. Sch.

Einst redete ich mir die Sache schön. Das Wunder hatte seine weltumspannende Wirkung getan. Es lenkte auf bedrohliche Weise das Denken und Fühlen beinahe aller Menschen. Ich aber hatte seinen Wundercharakter im Keim schon erkannt. Hatte auf seiner permanenten Anwesenheit bestanden, dem medialen Imperativ gehorcht, zugleich aber hatte ich es für mich selbst marginalisiert, hatte es routiniert in dem Maße immer beiläufiger werden lassen, in dem die Unaufhaltsamkeit seines machtvollen Siegeszuges offenbar wurde. In diesen Jahren gab ich Albernheiten von mir wie die, daß nur wer viel ferngesehen habe, auf hohem Niveau darauf verzichten könne.

In den achtziger Jahren sah ich nicht mehr alleine fern. Es war chic (wann wurde dieses Wort aufgegeben?) unter den Intellektuellen geworden, mit dem Trash (dieses Wort kam mit einem Roman von Bret Easton Ellis in unsere Sprachlandschaft) zu flirten. Das hätten sie vielleicht lieber lassen sollen, der Trash hat sie quasi abgeschafft.

Jetzt, da ich alt bin, dient mir das Fernsehen hauptsächlich als Konzentrationsanschub und Einschlafpille. Jetzt, da ich alt bin, habe ich nicht mehr die Nerven, diesen ganzen Schwachsinn, den der wunderliche Kasten hervorbringt, komisch zu finden. Nicht mehr in einer Zeit, da an die Stelle der springenden Pferde die Gespenster der Hungerflüchtlinge, der Verteilungskriege, der Arbeitslosenheere über die Scheibe huschen.

Jetzt, da ich alt bin, denke ich, daß alle Wunder, die unsere Erde berühren, sich mehr und mehr in Schrecknisse verwandeln.

(Ich bin sicher, daß die, die an dem Trash gut verdienen, ihre Kinder vor der Verblödung bewahren, ihnen Fernsehverbote erteilen – ganz im Sinne meines Vaters –, sie in teure Internate und zum Geigenunterricht schicken.)

*

Lesen!

Lesen? Als ob das immer das gleiche und immer schon das Gute wäre. Böse Menschen haben sehr wohl Bücher. Jeder Schrecken steht in Büchern und jede Anleitung zu seiner Verbreitung. Es rührt der Anblick des friedlich lesenden Kindes. Indes, wer weiß, was sich da in den Hirnen vorbereitet: eine Bombe oder ein Gedicht, oder beides zugleich. Es mag Kinder geben – obwohl ich das bezweifle –, die ein früher Drang zu Bildung und Gelehrsamkeit an die Bücher bringt. Nicht in meinem Fall. Meine frühe Jugend lag in einer noch fernsehfreien Zeit. Lesen war Amüsement, Lesen war das Eintauchen in parallele Welten, Lesen war Nicht-Alltag, war Sucht und Flucht vor Mühe und Langeweile. (Ich nehme an, daß die verachteten Zuschauer der Seriensoaps, die die Personage dieser Streifen besser kennen und mehr lieben als die Menschen ihrer Umgebung, von der gleichen Sucht nach einem mehrörtlichen Vorhandensein geleitet sind.) – Lesen war das Andere, die Gegenwelt zu Schule und Artigsein. Nicht daß die »wirkliche« Welt, in der ich mich befand, grausam oder auch nur bedrängend war – ganz im Gegenteil –, aber die imaginären Welten, die sich in den Büchern auftaten und in die ich ohne Hemmung und Besinnung eintauchte, waren aufregender und für das kindliche Bedürfnis nach Anverwandlungen ergiebiger als die bürgerliche Welt der fünfziger Jahre. Ich weiß noch, daß ich ernsthafte Orientierungsschwierigkeiten hatte, wenn ich durch nahe Rufe aus meiner fernen Buchwelt herausgerissen und zum Mittagessen beordert wurde. Es war interessanter, ein siegreicher Pirat zu sein, als eine Schülerin mit einer Fünf in Mathematik.

Lesen wurde elterlicherseits geachtet, gefördert, unterstützt. Lange hielt ich meine Welten strikt getrennt. Nie wäre es mir in den Sinn gekommen, in der Schule deutlich werden zu lassen oder gar einen Nutzen daraus zu ziehen, daß ich wußte, wer Marie Antoinette war, weil ich die Romane von Stefan Zweig im Wohnzimmerschrank gefunden hatte; das heute so gewollte Ansinnen, mich mit den arglosen Eltern über meine Lektüreeindrücke auszutauschen, wäre mir obszön erschienen. Verrat! Die Bücher und ich: wir waren eine Art Sekte. Lektüre war dunkle Geheimsache, nicht nur dann, wenn es sich um ein »verbotenes« Buch handelte. Die Begierde meines frühen Lesens, es war maßlos und abgeschottet zugleich, hatte – um es im Vokabular dieser Zeit auszudrücken – etwas durchaus Liederliches. Nicht nur nach Maßgabe des alten platonischen Verdachts, selbst aus heutiger Sicht war diese besessene Vergessenheit näher beim Laster als bei der Einübung ins nützliche Leben. Und ein Teil der Leselust bestand wohl auch darin: eine tugendorientierte Anerkennung für ein pflichtvermeidendes Fluchtmanöver einzuheimsen.

Die fanatische Abgeschiedenheit meines Leseverhaltens weckte irgendwann doch den Argwohn meiner Mutter. »Du könntest auch mal was tun« (zum Beispiel Mathematik lernen), sagte sie zuweilen, wenn ich wieder einmal auf dem Sofa mit einem Buch lümmelte. Dieser Satz machte mich zur Literaturwissenschaftlerin. Bis heute habe ich, solange ich »nur« lese, nicht die Idee einer Arbeit. Geblieben ist die Sehnsucht nach dem Buch, das mir noch einmal die Entgrenzung, Versunkenheit und Selbstvergessenheit meiner Kinderlektüre schenkt, das die Türen öffnet zu anderen Räumen und das Verschwinden begünstigt.

Ein Buch wird kommen.

Originalgenie

Als ich die Mittelstufe des Gymnasiums erreichte und eine neue Deutschlehrerin auf meine kleine Bühne trat, eine Lehrerin, die ich mochte und der ich imponieren wollte, gab ich ruckartig die Sphärentrennung auf, beendete meine selbstverordnete Leseisolation, setzte massiv alles gestaute Wissen im Unterricht ein, ging ihr auf die Nerven und kam in den einschlägigen Fächern auf gute Noten.

In diesem Alter entdeckte ich den Luxus öffentlicher Bibliotheken und stieß dort auf das Phänomen der Sekundärliteratur. Heimlich las ich, was Kluge, jedenfalls solche, die ich damals dafür halten mußte, über die Texte, die wir besprachen, schon einmal gesagt hatten. Ich tat es heimlich, weil ich diesen Gedankenklau für illegal hielt. Mußte man nicht alles selbst erstmalig denken, original aus eigenen tiefsten Gründen herausholen? Was konnte so ein Gedanke aus zweiter Hand schon noch wert sein? Wie ein Dieb schaute ich mich verstohlen um, wenn ich die Bibliothek mit hochgeklapptem Mantelkragen betrat oder sie verließ, stets auf der Hut davor, bei dieser Ideenverschleppung ertappt zu werden.

Einige Jahre älter, merkte ich dann, daß das, was ich dort mit schlechtem Gewissen betrieben hatte, ungefähr dem entsprach, was man »wissenschaftliches Arbeiten« nennt. Mit gutem Gewissen machte es aber nicht mehr so viel Spaß. Jetzt, 2001, bei meinem erneuten Umzug, habe ich unter dem Gebot des Platzmangels mit großer Lust die Sekundärliteratur nahezu komplett aussortiert.

*

Gedächtnis der langen Zeit

Bis zu meinem fünfzigsten Lebensjahr habe ich mich nicht erinnernd erinnert. Mir ist hin und wieder etwas aus der Vergangenheit eingefallen, in den Sinn gekommen, auch habe ich diesem oder jenem dieses oder jenes erzählt, aber nicht oft und schon gar nicht eingerückt in eine fragwürdige memoriale Legendensammlung – allenfalls situationsbezogen, gesprächsbegleitend. Das Vergangene meiner selbst hat mich nicht sonderlich interessiert. Es ist wohl etwas dran, an der Theorie vom im Alter zunehmendem Langzeitgedächtnis und dem abnehmendem Kurzzeitgedächtnis. Das Wissen, daß die Zukunft kürzer sein wird als die Vergangenheit, trägt vermutlich auch zu dieser Aufwertung des Vergangenen bei.

Einst, zur Zeit meiner Berufstätigkeit, rief mich ein- bis zweimal in der Woche meine inzwischen verstorbene Freundin I. L. an. Sie war die Mutter meiner Schulfreundin und zu diesem Zeitpunkt über achtzig Jahre alt. Sie wollte erzählen. Sie konnte auch etwas erzählen. Sie hatte in ihrer Jugend ein interessantes Leben gelebt, die Wilden der zwanziger Jahre gekannt, Klaus und Erika Mann, Annemarie Schwarzenbach und viele mehr, deren Namen im kulturellen Gedächtnis blieben. Anfänglich handelte es sich bei den Telephonaten noch um eine Art Gespräch, das in geringem Maße durch meine verbalen Reaktionen auf das Erzählte in Gang gehalten wurde. Dann aber waren Gesprächsprägnanzen meinerseits nicht mehr erwünscht. Sie wartete aber in gewissen Abständen noch auf lautliche Zeichen meiner telephonischen Anwesenheit. Mit zunehmendem Alter kam es ihr auch darauf nicht mehr an. Sie wollte erzählen, nur erzählen. Viele Geschichten, die meisten kannte ich irgendwann. Sie hatte kein Interesse mehr an den Graden meines Interesses. Es waren Endlostelephonate. Manchmal mußte ich aufs Klo, hielt aber durch, manchmal hatte ich einen Termin und kam zu spät. Manchmal war ich zu müde, dann behauptete ich, daß es gerade an der Tür geklingelt habe. Ob sie die Lüge bemerkt hat? Trotzdem, ich mochte ihre Geschichten.

Als sie wieder einmal anrief und ich schon etwas erschrokken war, weil ich mich zeitlich in irgendeinem Druck befand, erzählte sie nicht. »Silvie«, sagte sie (da sie mich schon als Kind kannte, war sie die einzige, der ich diese Diminution erlaubte), »ihr habt doch diese Bibliotheca Judaica an eurer Uni.« – »Ja«, sagte ich. »Da hält in den nächsten Tagen ein gewisser H. L. einen Vortrag: Es könnte sich um den letzten Liebhaber meiner Mutter handeln.« – »Müßte er dann nicht ein recht hohes Alter haben?« fragte ich vorsichtig. »Ja, genau, sein Alter, das sollst du herauskriegen«, sagte sie. Tatsächlich, der Mann war über neunzig Jahre alt, ein Emigrant, der in New York lebte, ein Sexologe, ehemaliger Schüler von Magnus Hirschfeld. Ich berichtete ihr. »Ja, das ist er«, sagte sie erfreut. Ich war leider verhindert, sie zu dem Vortrag zu begleiten, rief sie aber danach an. Sie seien beide überglücklich gewesen, sich noch einmal zu begegnen. Und der Vortrag? »Ach, weißt du, Silvie, jetzt ist der Mann doch schon so alt, und immer noch redet er über diesen Schweinkram.«

*

333, bei Issos Keilerei
Ich hatte immer Schwierigkeiten mit Zahlen. Ich hatte immer Mühe, mir die eigene Telephonnummer zu merken.

Die Vergangenheit hat viele Zahlen. Meinen Vater und meinen Freund W. B. hätte man nachts wecken können, verbunden mit der Aufforderung, die Lebensdaten der deutschen Könige und Kaiser in lückenloser Chronologie aufzusagen (wer tut so etwas?) – indes: Sie hätten es im Halbschlaf vermocht. Toll.

Hingegen: Die Zahlenauskünfte der Zukunft sind spärlich. Es gibt, das Weiterbestehen unserer Welt vorausgesetzt, nur die Wendemarkierungen mit den leeren Nullen. Für die Voraussicht einiger Leben: die Jahrhundertwenden. Für die Voraussicht ganz weniger Leben: die Jahrtausendwenden.

Als die historischen Unterweisungen in Schule und Roman so weit vorangeschritten waren, daß ich an Chronologien und Daten zu glauben begann, zog jemand meine Aufmerksamkeit auf sich, als er laut überlegte, wie alt er im Jahr 2000 sein werde.

Ich errechnete es sofort auch für meine Lebenszeit. Ich kam auf die Zahl 54. Vierundfünfzig Jahre alt! Ha, ha. Das war unendlich weit weg – so weit wie der Mond. (Zehn Jahre später betrat ein Mensch den Mond.) Und es war gruselig. Vielleicht, weil man als junger Mensch schon ahnt, daß in einigen Jahrzehnten von dem Menschen, der man gerade ist, nicht mehr viel übrig sein würde. Hätte mich jemand gefragt, ob ich auf das Jahr 2000 vorausblickend lieber vierundfünfzig Jahre alt sein wolle oder gleich schon tot, hätte ich sicher gesagt (sinngemäß), daß mir die kaum zu bewerkstelligende Vorstellung eines so altgewordenes Ichs lieber wäre als die Undenkbarkeit meines Nichtvorhandenseins, aber einen großen Unterschied hätte es nicht gemacht. Wäre der Teufel gekommen und hätte mir angeboten, den nach der Jahrtausendwende in das neue Millennium hineinlappenden zukünftigen Lebensrest in der damaligen Gegenwärtigkeit einzutauschen für Glück, Schönheit und Reichtum, ich hätte es vermutlich gemacht.

Angekommen im Rest, fühlt man es anders.

Jetzt, 2004, lese ich in einem Buch über das Alter einen indirekten Verweis, demzufolge auch Ernst Jünger von einer solchen – oder ähnlichen – teuflischen Abwägung erzählte. Könnte es sein, daß ich das einmal gelesen und irgendwann für ein Eigenes gehalten habe? Bei meinem porösen Gedächtnis wäre dergleichen allzu möglich. Für diesen Fall bin ich aber sicher, daß der Ursprung meiner Fiktion lange vor jeder Jünger-Lektüre zu suchen ist. Sie ist zweifellos ein Nachklang der kinderzeitlichen Märchenrezeption. Tauschaktionen und Wunschspiele mit Feen und Teufeln haben mich früh fasziniert. Auch die Möglichkeit, daß man zum Schluß mit einer Wurst an der Nase ein trauriges Ende findet. Schon erwachsen, irrlichterte zuweilen die Idee durch mein Hirn, daß ich, im Zustand jugendlicher Torheit vom Teufel versucht, meine Gesundheit gegen irgendeinen Scheiß eingetauscht haben könnte und es nur nicht mehr wüßte. Reste magischer Vorstellungen, wohin man auch fühlt.

*

Fußballweltmeisterschaft 2002

Ich liege im Krankenhaus. Ein Nystagmus, ein Zittern des Augenmuskels, hindert mich am Lesen und Schreiben. Wenn ich nach links schaue, sehe ich Doppelbilder. Wenn ich meine Augen geradeaus in die Ferne richte, scheint alles in Ordnung. »Da kannst du ja fernsehen.« Ja, kann ich. Ich sehe die Fußballweltmeisterschaft. Alles, was es gibt. Auch das ganze kommentierende, spekulierende, illustrierende, rückblickende, vorausschauende Rahmengequassel der Spezialisten. Ich bin keine Spezialistin. Ich kenne die Regeln inklusive Abseitsfalle und habe seit Mitte der sechziger Jahre Europa- und Weltmeisterschaften mal mehr, mal weniger verfolgt. Sport ist noch immer das Beste im Fernsehen. Soviel Fußball wie jetzt war nie in meinem Leben. Zum Fernsehen verdammt, kommt diese Weltmeisterschaft wie gerufen.

Ich sehe: Ein Tier im Tor. In der Werbung schon ganz Löwe. Unbesiegbar. Das sagen alle. Das glaubt, seine Mimik verrät es, auch er selbst. Das unterscheidet den »besten Torwart der Welt« von den meisten der anderen deutschen Akteure. Das schafft eine Aura einsamer Größe.

Ich sehe: einen Trainer und die Mannschaftskameraden – nichts als Vorsicht und Schadensprävention. Nein, so richtig gut sei die deutsche Mannschaft nicht, das wisse man wohl, aber wolle doch Bestes geben, im Rahmen begrenzter Möglichkeiten. Man solle sich da nicht zu viele Hoffnungen machen. Das Erreichen des Achtel-/Viertel-/Halb-Finales fast ein Wunder. Da könne man sich schon freuen, sagen sie freudlos. Und ein Stürmer: »Ich weiß auch nicht, wie wir da hingekommen sind.« Auch, als sie dermaßen versehentlich ins Finale kommen, kommt die Freude nicht nach. – Sollte man nicht annehmen, daß man zu einer Weltmeisterschaft fährt, um zu gewinnen? – Nein, zu schlicht gedacht, so einfach liegen die Dinge nicht. Die schlechten Leistungen der vergangenen Jahre und die deutsche Geschichte verbieten die triumphalistischen Posen. Da hätte es erst recht eins auf die Mütze gegeben. Schließlich muß man unfroh froh sein, daß die Zeiten vorbei sind, da der deutsche Intellektuelle aus prinzipiellen Gründen die deutsche Fußballniederlage ersehnt. Ein ulkiges Land. Die Verhaltensnot ist groß.

Als die deutsche Mannschaft schließlich im Finale achtbar gegen Brasilien unterliegt – nicht nur, aber auch wegen eines Torwartfehlers –, zerbricht in Sekunden ein Mythos. Der Löwe sitzt erstarrt vor seinem Torpfosten. Nur die Kiefer mahlen noch. Aber dieser Torwart ist auch die einzige tragische Figur

– er hat sich seine Fallhöhe erarbeitet. Die anderen haben nur einen Kater.

Dann aber, bei der Jubelfeier für die Vizeweltmeister in Frankfurt am Main, ist die Mannschaft doch noch froh, allerdings weist der Trainer die verzückt jubelnden Massen darauf hin, daß man ja eigentlich das Endspiel verloren hat. Das war wirklich, wirklich sympathisch.

Die Hausärztin meiner Mutter erzählte zu Beginn der sechziger Jahre oft und gern, daß sie das Begehren eines Fußballprofis, von ihr behandelt zu werden, mit dem Satz »Junger Mann, lernen Sie erst einmal etwas Anständiges!« zurückgewiesen habe.

Mein Vater fand das nicht in Ordnung, aber nur deshalb, weil er der Meinung war, daß ein Arzt grundsätzlich jeden behandeln sollte.

Etappentod

Fußballeuropameisterschaft 2004.

»Sie haben ja heute Ihren fünfunddreißigsten Geburtstag«, sagt der Reporter zu dem Torwart der deutschen Nationalmannschaft. (Es ist immer noch der Löwe.) »Ja, stimmt.« – »Werden Sie ihn denn feiern?« – »Nein.« Er habe ja heute ein wichtiges Spiel zu absolvieren. »Hernach vielleicht?« Nein, in Portugal sei es schon eine Stunde später, und wenn das Spiel vorüber sein werde, werde er keinen Geburtstag mehr haben. Im übrigen sei das Älterwerden für einen Fußballspieler eine heikle Sache – das Ende, das Karriereende rücke immer näher. Nach dem Spiel gab es dann gleich gar nichts mehr zu feiern.

*

Langeweile

Manchmal sehne ich mich nach der langen Weile. Nein, nicht nach jener elenden schulstündlichen Langeweile, die mich in endlosen hochschulorganisatorischen Sitzungen, unergiebigen Gesprächen, faden Vorträgen, pflichtkulturellen Kunstgenüssen und stereotypen Alltagsverrichtungen quälte, nicht nach dieser oktroyierten Berufs- und Familienlangeweile, sondern nach der selbstgewählten langen Weile, der gedehnten Zeit, der ungefüllten Zeit, der gewonnenen Zeit, ohne Rahmen, ohne Ziel, ohne Rechenschaft.

Eine Zeitdehnung als programmatisches Antiprogramm.

Einst konnte ich sie haben, die lange Weile, immer im Spätsommer, wenn ich ans Mittelmeer fuhr, wenn die Sonne in den Mittagsstunden hoch stand und gleißend die Konturen verzittern ließ und die Menschen sich verkrochen.

Eingehüllt in eine weiche Luft, ließ ich das Buch sinken und sank meinerseits in die Wärme und das Licht und die Auflösung und die Unschärfe –, und ich paßte, schon sehr verlangsamt, die verstreuten Assoziationen, die noch sporadisch frei durch den sich entleerenden Geist dümpelten, dem Rhythmus der ans Ufer schwappenden Wellen an, bis mein entleertes Hirn der Zeitdehnung und dem großmächtigen Gefühl meiner Zeitentbundenheit genügend Raum gab. Wahrscheinlich ist dergleichen nichts Besonderes, wahrscheinlich geschieht bei jeder Meditation ähnliches. Mein Glücksgefühl wurde durch die vorübergehende Illusion hervorgerufen, der Zeit ihre Macht nehmen zu können. Und durch die Sonne. In einem Interview mit meiner Freundin E. M.-G. sagte der sizilianische Autor Bufalino einmal, daß seine Landsleute nicht so recht an den Tod glaubten, weil sie in so hohem Maße von der lebensspendenden Sonne verwöhnt würden. Ob das stimmt?

Die lange Weile als Abwehr der Endlichkeit?

Haben Sie's nicht etwas kleiner? Ja, es war immer das Wechselspiel zwischen Diffusion und Konzentration, das mich in der Balance gehalten hat.

Die andere Langeweile aber, die unfreiwillige, schien mir schon als Kind eine der größten Geißeln hienieden. Nie habe ich mich mit mir selbst gelangweilt, solange es etwas gab, das anzuschauen oder anzuhören oder zu lesen sich lohnte. Nicht eine Sekunde habe ich mich im Beisein meiner Freundin S. Sch. gelangweilt, in dreißig Jahren nicht. Aber in der Schule hatte ich sie kennengelernt, die Langeweile, und im Konfirmandenunterricht, vor allem aber sonntags während des evangelischen Gottesdienstes. Wir, die Konfirmanden mußten dorthin gehen und uns unsere Anwesenheit über Wochen schriftlich bestätigen lassen. Die schütteren Gesänge, die öde Predigt. Die Minuten schlichen dahin. Ich sah ununterbrochen auf meine Uhr. Das hier, dachte ich, wird nie enden. Das hier ist sie schon, die Hölle, von der der Pfarrer gelegentlich sprach. Einmal, ich war sicher, daß nicht nur meine Uhr, sondern die Zeit selbst stehengeblieben war, beendete ein schrecklicher Schmerz in meinen Ohren die seelische Qual. Ich verließ die Kirche. Ich hatte eine Mittelohrentzündung. Fortan fälschte ich die Unterschrift. Die Sache war zu gefährlich für mein leibliches Wohl geworden.

*

Humorlos

Zu den Vorhaben, die ich erst aufschob, dann aufgab, gehörte das – wie die Akademiker heute gerne sagen – »Projekt« einer radikalen Humorkritik. Mein kritischer Impuls richtete sich entschieden gegen die Kombinationen von Humor und

Sentimentalität (Lache, Bajazzo, der traurige Clown, Bruno Ganz, die Pantomime) und die von Humor und uneingestandener Brutalität (das Volksbuch Till Ulenspiegel, Verstehen Sie Spaß?, Mainz, wie es singt und lacht). Als ich bemerkte, daß unter diesen Ausschlußbedingungen bei strikter Anwendung nurmehr wenige amerikanische Filme und einige düstere Sentenzen Kierkegaards Bestand haben würden, war die Sache gestorben.

*

Altersdummheit
Eines Tages waren die Leute, die das Land regierten, nicht mehr alle älter als ich, sondern mehrheitlich in meinem Alter. Das hat mich erschreckt und ich war erstaunt über mein Erschrecken, und ich versuchte ihm auf den Grund zu gehen, und ich ertappte mich bei einer uneingestandenen idiotischen Annahme. Nicht, daß ich von den älteren Politikern zuvor sehr viel gehalten hätte, ganz im Gegenteil, aber ich muß doch insgeheim (vor mir selbst verborgen) gedacht, gehofft, angenommen haben, daß den Älteren, allen Älteren, und somit auch den älteren Politikern, im Zuge des Alterns ein verstecktes unsichtbares Weisheitspotential zuwüchse. Jetzt selber älter, wußte ich aus eigener Erfahrung, daß dem nicht so ist und daß die Politiker genau das, und allein das waren, was ich von ihnen immer schon hielt. Uneingestandene Hoffnungen machen dumm.

*

Wenn ich das Haus aus eigenen Kräften und nach Belieben verlassen könnte:

Hätte ich einen Hund.
Ginge ich häufig zu Freunden
Ginge ich häufig in die Oper
Ginge ich häufig ins Kino
Ginge ich häufig ins Konzert
Ginge ich häufig in Ausstellungen
Ginge ich zuweilen ins Restaurant
Ginge ich manchmal ins Theater
Ginge ich manchmal zu Lesungen
Ginge ich ganz selten zu Diskussionen
Ginge ich fast nie zu Vorträgen

Führe ich zweimal im Jahr nach Italien
War das schon alles?
Ja.

P. S. Italien ist hinfällig, man darf dort nicht mehr rauchen, und bald werden es die Restaurants hier auch sein.

Paranoia
Schrotflinte. Warum denke ich so oft an eine Schrotflinte?

»Das Altern ist nichts für Feiglinge.« (amerikanisches Sprichwort)

»Wir müssen Selbstverteidigungsstrategien entwickeln, Methoden alternativer Kriegsführung, die es zum einen erlauben, auch als schwacher Alter zu überleben: von der Partisanentätigkeit bis zum Hacker-Angriff.« (Frank Schirrmacher)

»Ganz unmöglich ist es, über die Ungerechtigkeit der Lebensalter hinwegzukommen.« (Elias Canetti)

»Alter ist eine Verstümmelung bei ganzem Leibe, alles hat es, und allem fehlt etwas.« (Demokrit)

»… das Alter, das eine Krankheit selber ist«
(Thomas Morus)

*

Liebe und ihr Gegenteil

Am Anfang war die Liebe. Am Anfang ging ich gerne in die Schule. In die Volksschule (wie die Grundschule damals noch hieß). In Hannover. Erste Klasse. Ich liebte meine Lehrerin Fräulein S., sofort und inbrünstig. Fräulein S. war semmelblond und hatte, darin sah ich eine himmlische Fügung, am gleichen Tag Geburtstag wie ich. Ja, ich liebte Fräulein S. Dann zogen wir nach Frankfurt. Ich bekam von der Klasse und von Fräulein S. zum Abschied eine Sammeltasse geschenkt, die ich noch besitze. Mein Abschiedsschmerz hielt sich in Grenzen, da ich dachte, daß in der neuen Schule wieder ein Fräulein S. sein würde, eine gleiche, gleichermaßen liebenswerte Lehrerin. In der neuen Schule war Fräulein M. Sie war nicht semmelblond und hatte auch nicht am gleichen Tag Geburtstag, und alles an ihr schien mir grau, und ich liebte sie nicht. Nein, ich haßte sie, und zwar mit der gleichen Inbrunst, mit der ich Fräulein S. geliebt hatte. Ich ging nicht mehr gern in die Schule. Ich verweigerte. Nachhilfelehrer zogen bei uns ein. Als wir einmal die Sommerfrische (wie man damals noch sagte) in Berchtesgaden verbrachten, bat ich meinen Onkel, mir ein Jagdmesser mit Hirschhorngriff und Blutrinne, das ich in einem Schaufenster entdeckt hatte, zu kaufen. Mein Onkel erfüllte gern meine Wünsche. Wenn es an meinem Gürtel hing, reichte es mir bis zum Knie. In der Schule legte ich es auf meine Bank.

Ich wollte Fräulein M. nicht versehren, aber sie sollte wissen, wie es um uns stand.

Als die Zeit nahte, da ich das Gymnasium besuchen und eine kleine, damals noch notwendige Aufnahmeprüfung über mich ergehen lassen sollte, fragte ich meinen Onkel, ob es lohne. »Das kommt ganz darauf an, welchen Beruf du später ausüben willst«, antwortete er sachlich. Das wußte ich zu dieser Zeit genau: »Kunstreiterin oder Tigerdompteuse.« – »Dafür mußt du nicht aufs Gymnasium, dafür mußt du gut reiten können und furchtlos sein.« Ich wurde aber doch zu der Aufnahmeprüfung genötigt. Dort zeichnete ich nur Pferde (Tiger konnte ich nicht) in mein Heft. Meine Eltern erhielten die Nachricht, daß ich die Aufnahmeprüfung nicht bestanden hatte, verbunden mit der Empfehlung, mich auf eine Sonderschule zu schicken. Mein Vater, der mich liebte, meldete mich statt dessen bei einem privaten Gymnasium an. Hätte er mich nicht geliebt oder kein Geld für die private Einrichtung gehabt, wäre ich wahrscheinlich auf der Idiotenschule (wie der brutale Volksmund die Sonderschulen damals bezeichnete) gelandet. Wie sehr Liebe und Haß (und Geld) doch unsere Wege bestimmen.

Mein Onkel

Mein Onkel war ein ungewöhnlicher Mann. Er war ungewöhnlich schmal, er hatte ungewöhnliches, blauschwarzes, glattes Haar, wie man es von den Asiaten kennt, ungewöhnlich helle grüne Augen und die schönsten Hände, die ich je bei einem Mann sah. Ein bißchen ähnelte er einem dünnen Indianer, ein bißchen auch Fred Astaire. Aber nicht sein Aussehen war so ungewöhnlich ungewöhnlich – auch nicht, daß er mich immer schon wie eine Erwachsene behandelte –, ein bestimmter Charakterzug war es, der ihn erheblich von anderen unterschied. Das charakterlich Ungewöhnliche an einem Vertrauten der frühen Jahre können Kinder und Jugendliche nicht so scharf wahrnehmen, weil sie das Gewöhnliche noch nicht auf breiter Fläche kennengelernt haben. Der Ungewöhnlichkeit meines Onkels wurde ich erst gewahr, als er nicht mehr war.

Ich habe in meinem Leben niemals wieder einen Menschen getroffen, der so frei von jeder Aggression war wie mein Onkel. Er kannte nicht Zorn, nicht Wut, nicht Verärgerung. Taten die Menschen ihm etwas zuleide, war er traurig. Er sprach nicht viel und lachte selten. Vielleicht war das zahnfreilegende Lachen für ihn schon zu nahe an Angriff und Aggression. Geld interessierte ihn nicht, hatte er welches, kaufte er ein Pferd oder ließ sich ein Seidenhemd anfertigen. Ich hätte ihn gerne in späteren Lebensphasen immer mal wieder um seinen Rat gebeten. Nicht unbedingt, um diesen dann in jedem Fall zu befolgen – das wäre riskant gewesen –, aber um auf seinem Teppich zu bleiben.

(Den Gleichmut meines Onkels in Geldangelegenheiten kann ich mir leider nicht leisten. Ich überschätze es nicht, das Geld, weil alles Geld der Welt mich nicht gesund machen könnte, ich unterschätze es nicht, weil es bei zunehmender Behinderung und im Alter immer wichtiger im Kampf um die Erhaltung der Würde werden wird.)

*

Big Bang
Schlechte Zähne. »O je, da werden Sie aber einmal gewaltige Probleme bekommen.« Ich höre das seit mehr als dreißig Jahren von Zahnärzten.

Morgens beim Zähneputzen überrasche ich mich bei dem hoffnungsfrohen Gedanken, daß dieses »einmal« vielleicht erst nach meinem Ableben eintreten könnte.

Ich halte mir zugute, daß ich noch nicht richtig wach bin.

Den Zahn müssen wir Ihnen wohl ziehen

»Wollen Sie ihn noch mal sehen?« fragt der freundliche Zahnarzt und droht mir den soeben behutsam gezogenen Backenzahn vor Augen zu führen. Vor mir läuft sofort ein Film ab mit alten Bildchen von bestialischen Jahrmarktszahnreißern, die stolz einen blutigen Backenzahn mit gewaltigem Wurzelwerk in die Höhe halten, während das Opfer entseelt zu Boden sinkt.

Nein, ich will ihn nicht sehen, er war mein Feind, er hat mich gequält. Ein kleines Triumphgefühl kommt mich an. Ich habe ihn mit Hilfe eines Fachmannes endgültig besiegt. Zugleich denke ich aber auch, daß es nicht gut ist, immer weniger Zähne zu haben. Die Triumphe werden im Alter immer zweischneidiger.

Jetzt, 2005, habe ich eine Vorstufe zu »Big Bang« erreicht. Ich bin permanent beim Zahnarzt. Auf dem zurückgekippten Stuhl, mit halbbetäubtem Mund, der mit irgendwelchen Hakenformen aufgesperrt ist und in den ein Wasser gesprudelt wird, das zugleich schnorchelnd wieder eingesaugt wird, denke ich an eine Geschichte, die mir meine liebe Freundin S. Sch. vor Jahren erzählte. Sie handelte von einem Mann, der sich erschießen wollte, weil ihn die tägliche Zahnputzprozedur so langweilte. Das hatte mir sofort eingeleuchtet. Daher komme ich jetzt zu dem absurd tröstlichen Schluß: Je weniger echte Zähne du haben wirst, desto kürzer wird diese Prozedur dauern. Dann aber fällt mir ein, daß für Jean Améry, in seinen angenehm unbeschwichtigenden Ausführungen zum Älterwerden, allein die Aussicht auf einen partiellen Zahnersatz die Altersniederlage einläutete.

*

Mord erwünscht

Jetzt mehren sich die Diskussionen über die aktive Sterbehilfe. Ein Philosoph warnt: Es könne doch kein Zufall sein, daß diese Diskussion zur Zeit der leeren Kassen und der Überalterung unserer Gesellschaft aufkomme – recht hat er, das ist kein Zufall!

Zu gleicher Zeit erschüttert die Öffentlichkeit der Bericht (sie wird ihn bald schon wieder vergessen haben) eines Undercover-Journalisten, der sich als ungelernte Kraft in Alters- und Pflegeheimen verdingte und skandalöse Zustände zutage brachte: halbtote Alte mit großflächigen Wundbränden, Druckgeschwüren, offenen Wunden an Gesäß und Rücken, die morgens um fünf Uhr – das erzwinge der pflegetechnische Ablauf – aus dem Tiefschlaf gerissen werden, in den sie durch die Eingabe von Sedativa abends versenkt worden waren. Man läßt sie nicht sterben, weil man das Geld der Pflegeversicherung kassieren will, und man läßt sie nicht würdig leben, weil das im Zeittakt der verrechenbaren Pflege nicht möglich ist. Und viel des Grauens mehr. Wohl auch ein Resultat der leeren Kassen.

Ich überlege: Ob es für mich als Alte und Behinderte, wenn ich nicht mehr über mich bestimmen könnte und keinen lieben Menschen hätte, der es in meinem Sinn für mich täte, in hilflosem Zustand, nicht doch besser wäre, umgebracht zu werden, als bei lebendigen Leibe zu verfaulen. Schnell und schmerzfrei sollte es aber sein.

*

Symptom I

Untrügliches Anzeichen des Älterwerdens. Ich ertappe mich beim Konsum von Tierfilmen im Fernsehen. Das hätte ich nicht von mir gedacht. Ich höre aber wieder damit auf. Ich kann den verschmunzelten onkelhaften Tonfall der Kommentatoren nicht ertragen.

*

Tierliebe

»Sie lieben die Tiere«, sagte die alte Frau, deren vor einem Geschäft angebundene, etwas räudige Promenadenmischung ich streichelte. »Ja«, sagte ich. Nein, dachte ich. Nein, ich liebe *die* Tiere nicht. Ich liebe zum Beispiel gar nicht: Kakerlaken, Zekken, Wanzen, Mücken, Wespen, Schmeißfliegen, auch Krokodile nicht, und Fische sind mir völlig egal …

Und ich liebe auch nicht den Grottenolm. Man sagt, daß dieser unschöne Schwanzlurch hundert Jahre alt werden und zwölf Jahre ohne Nahrung leben kann. (Ob das stimmt?) Mit Augen geboren, verliert er alsbald sein Sehvermögen und wird blind.

Ja, ich liebe die Hunde.

Hundelegenden

»Ich bin jetzt schon zwölf«, sagt das Kind stolz. In diesem Alter muß sein Hund schon sterben. Vielleicht.

Vielleicht war das meine erste eindrückliche Wahrnehmung der biologischen Alterung: Das Altern der Hunde, die mit uns lebten. Vielleicht ist mir die Hinfälligkeit und Endlichkeit aller Lebewesen auf dieser Welt an der Hundheit erstmals sinnfällig geworden. Früh hatte ich die Faustregel gelernt: Ein Hundejahr = sieben Menschenjahre. (Sie stimmt nicht ganz, weil die kleinen Hunde älter werden als die großen.) Das jedenfalls konnte ich – gleichsam zeitgerafft – ersehen, erleben, erfassen: daß sie, meine Freunde, die Hunde, sehr viel schneller älter wurden als ich. Daß sie viel kürzer leben als der Mensch. Daß sie in diesem kurzen Leben verschiedene Altersstadien durchlaufen, daß also ihr Leben im Ganzen nur eine Zeitspanne umfaßt, die für unser eigenes Leben in der Regel lediglich eine kurze Periode ausmacht. – Die Asynchronität unserer jeweiligen Alterungsprozesse, sie hatte ich schmerzhaft wahrgenommen, ganz sicher.

Dialekt und Hund

Man erzählte mir, daß ich geboren worden sei in einem Umspannhäuschen in Oberbayern, in dem meine Eltern nach der Bombardierung Unterkunft gefunden hatten. Man erzählte mir, daß der Schnee zum Zeitpunkt meiner Geburt meterhoch gelegen habe. Man erzählte, daß an den Transport in ein Krankenhaus nicht zu denken gewesen sei. (Erst sehr viel später, als ich schon ziemlich alt war, habe ich einmal darüber nachgedacht, daß diese Hausgeburt für eine dreiundvierzigjährige hungergeschwächte Frau in den Nachkriegstagen recht gefährlich gewesen sein mußte. Meine Mutter hat zu mir darüber nie ein Wort verloren.)

Etwa drei oder vier Jahre nach dem Krieg zogen meine Eltern wieder nach München. Ich erinnere mich sehr dunkel an ein freundliches kleines Vorstadthaus, das sich hell vom großen Krieg abhob (vielleicht erinnere ich mich auch nur an ein Photo, das ich später sah). Wir teilten es mit seinen gleichfalls freundlichen Besitzern. Zu ihnen gehörte ein Hund. Prinz hieß er, ein deutscher Schäferhund, hochbeinig, gerader Rükken. An ihn erinnere ich mich. Mit und ohne Photos. Auch auf dem Land hatte es schon einen kleinen Hund gegeben, an den ich mich nicht erinnern kann. Mein Spielgefährte der ersten Jahre, wie man mir erzählte und wie etliche kleine Photographien mit einem weißen gezackten Rand unter Beweis stellen. Von ihm hatte ich vermutlich primäre Unterweisungen ins Hundeleben erhalten. Das mag Prinz, der, wie man mir erzählte, bei Briefträgern kein gutes Ansehen hatte, dazu bewogen haben, mich auf der Stelle liebevoll zu adoptieren. Er wich nicht mehr von meiner Seite, erzählte man mir. Meine Mutter habe das entlastet. Sie habe gewußt: im Falle irgendwelcher Kalamitäten würde er mich beschützt und, wenn geboten, am Kragen genommen und nach Hause getragen haben. Die Dinge seien aber mit dem großen Tier, das stets neben mir aufragte, niemals kritisch geworden, vornehmlich die anderen Kinder hätten sich mir gegenüber sehr respektvoll verhalten. Ich muß das wohl für die »natürliche« Verkehrsform gehalten haben. Auch als wir eines Tages zu meinem Kummer ohne meinen Freund Prinz nach Hannover umzogen und die Kinder dort durchaus nicht respektvoll waren, gewann ich keine

Einsicht in die Kausalität, auf die mein Autoritätsverlust rückführbar gewesen wäre. Die Möglichkeit dieser Einsicht war allerdings auch ein wenig verdeckt durch den Hohn (an den ich mich genau erinnere!), den sie mir wegen meines bayerischen Dialekts entgegenbrachten. Den Dialekt legte ich, so erzählte man mir, in sehr kurzer Zeit völlig ab.

Geblieben ist die Sehnsucht nach der Freundschaft mit einem Hund. Nein, sie richtet sich nicht erneut auf eine erschlichene optische Machtfülle, wie man sie bei Kampfhundeignern beobachten kann, dergleichen hat meine ganze Verachtung. Im Gegenteil. Die Sehnsucht gilt primär der Freundlichkeit, der Geselligkeit und dem sozialen Witz, all dem, was die guten Hunde auszeichnet. Sie sind, wenn der Mensch sie nicht versaut, Meister der Konfliktregelung, der Soziabilität. (Davon hat Konrad Lorenz gewußt.)

Geblieben ist auch eine kynologische Besserwisserei. Ich erinnere mich, daß ich, als ich zum ersten Mal die Odyssee las (wahrscheinlich in einer für Jugendliche zugerichteten Fassung), bereit war zu akzeptieren, daß Menschen in Schweine verwandelt werden könnten, daß es einen Riesen mit nur einem Auge auf der Stirn gäbe, daß aber ein großer Hund »Argos« (ich konnte ihn mir nur groß vorstellen) zwanzig Jahre alt geworden sein sollte. Das war für mich Anlaß für besserwisserische Empörung, ich kündigte humorlos sofort die fiktionale Verabredung: »ich muß doch schon bitten, zwanzig Jahre« – eine präpotente Kleinlichkeit. Spezialisten neigen zu dergleichen.

Möglicherweise liegt die Ursache für diese Rechthaberei, die ich nie mehr ganz ablegen konnte (meine Freunde vermeiden das »Hundethema«), in einer späten Rache für die frühe hannoverische Demütigung. Und in einer Rache dafür, daß der, der nicht laufen kann, keine Hunde halten kann.

Jetzt (2005) lese ich ein seriöses Buch von einem Philosophen, der eindrucksvoll belegt, daß der Mensch erst durch den Einfluß seiner frühen Begleiter, der Hunde, ein einigermaßen soziales Wesen geworden sei. Das gefällt mir. Das will ich gerne glauben. Das tut mir gut im Rechthaben.

*

Generationenbestätigungen

Als mir vor etlichen Jahren von meiner Freundin M.-L. Sch. ein sehr schöner blaßgrüner Bettüberwurf geschenkt wurde, sagte sie, um mir zu signalisieren, daß sie die kleine ästhetische Gefahr, die in ihm schlummert, sehr wohl bemerkte: »der könnte gelegen haben im Schleiflackboudoir der Lil Dagover.« In diesem Moment kam zu der immer schon vorhandenen Zuneigung und der Bewunderung für ihren genauen Blick eine merkwürdige Generationenverbundenheit. Für diese Bemerkung brauchte sie mein fortgeschrittenes Alter.

Wenn du wider jede Wahrscheinlichkeit alt werden solltest, so dachte ich einmal an der Schwelle zu den mittleren Jahren, dann wirst du hoffentlich so ein schlecht gelauntes, aber partiell witziges Monster werden, wie es die Adele Sandrock auf die alten Tage war.

Jetzt könnte ich dieses Rollenfach bald besetzen, aber die Rollenfächer sind aufgeweicht, selbst das moderne Theater kennt sie nicht mehr – und kaum noch einer weiß, wer Adele Sandrock war.

*

Symptom II
In der Synchronfassung der amerikanischen TV-Comedy »Roseanne« sagt Roseanne: »Ich habe mich zum ersten Mal alt gefühlt, als ich einer wildfremden Frau von meinen Hühneraugen erzählte.«

Symptom III
Ein aus meiner Perspektive sehr junger (er ist mindestens zwanzig Jahre jünger als ich), attraktiver Freund vertraut mir an, daß er die ersten Spuren einer Alterung daran erkenne, daß er sich seit kurzem dabei ertappe, wie er in bestimmten Situationen »ach, herrjemine« zu sich selbst sage.

*

Zum letzten Mal achtundsechzig
»Sind Sie auch eine Achtundsechzigerin?«

Ja, bin ich. Nein, bin ich nicht. Die Bewegung, in die ich alters- und ortsbegünstigt hineinwuchs, hatte viele Facetten, zu manchen gehöre ich, manche gehören zu mir, und manche nicht, aber auch gar nicht. Es gehört sich indes nicht, sich für sich selbst in der Retrospektive nur die besseren Teile heraus erinnern zu wollen. Aber einige der damals Bewegten, die etlichen Glaubenssätzen, die ich nicht zu meinen Irrtümern zählen muß, am lautesten anhingen (und die auch bereit waren, vermeintliche Abweichler zu terrorisieren), sind auch bis heute wieder die lautesten im pauschalen Abschwören.

Man kann sich ja irren
Sie gehen mir ein wenig auf die Nerven, Achtundsechziger, die immer noch abschwören, die biographievergessen in konservativen Publikationsorganen ressentimentgeladene Artikel

schreiben, als wären sie weiland nicht etwa fanatische Kämpfer irgendeiner marxistischen Heilslehre gewesen, unduldsame Überzeugungstäter, die andere und mich mit Dogmen peinigten, sondern Meßdiener in der Diözese Fulda. Es kann ja sein, daß sie wirklich zu ganz gegenläufigen Überzeugungen gekommen sind. Man kann sich ja irren. Aber man müßte doch annehmen, daß die Einsicht in einen vermeidbaren folgenreichen Irrtum für immer von apodiktischen Tönen heilen sollte. Ist das zuviel verlangt? Ja, das ist schon zuviel verlangt.

Was mich ärgert
Daß sie in ihrem Renegatentum vergessen, daß nicht alles dumm oder falsch an der Sache war, daß nicht alle sich damals in allem irrten, nein, falsch gedacht, sie vergessen es gar nicht, sie müssen es zum Verschwinden/Vergessen bringen und das Ganze denunzieren, um ihren individuellen Irrtum zu verwässern – es allgemein in einer pauschalen Irrtumsbezichtigung vergessen zu machen. Verallgemeinerter Selbsthaß.

Ach, würden sie sich doch weniger lieben. Ach, würden sie sich doch weniger hassen.

Es fällt mir auf, daß mir aus diesem Lebensabschnitt wenige Freunde geblieben sind. Einer fällt mir ein, der ist schon tot. Und noch einer, den ich sehr gerne mag, der auf eine distanzierte Weise treu ist. Der war damals mein Lieblingsfeind.

Wenn ich den niemals enden wollenden zustimmenden oder ablehnenden Verlautbarungen der Menschen meiner Generation, aber auch denen der nachfolgenden Generationen, zu den Ereignissen, die man unter diesem Datum rubriziert, beobachte, die Hitzigkeit der öffentlichen Diskussionen noch nach beinahe vierzig Jahren (im Moment sind die Achtundsechziger an allem schuld, vor einiger Zeit noch wollten alle »irgendwie« dazugehören), dann bin ich über die mangelnde Prominenz erstaunt, die diese Jahreszahl in meiner inneren biographischen Chronik einnimmt.

Ich bilde mir aber ein, daß mich die Erfahrung dieser Jahre für immer vor der Bewunderung angemaßter Größe bewahrt hat.

Nachtrag

Eines Tages tauchten sie auf in den studentenrevolutionären Versammlungen, als die Sache schon etwas müde zu werden begann, versprachen frischen Wind, verheimlichten ihre antiintellektuellen Affekte nicht, machten sich breit und wichtig. Zu dieser Zeit waren sie noch nicht sonderlich hervorgetreten, hatten noch kein Kaufhaus angezündet, keine Bomben gelegt. Sie riefen zur Tat. Um ein Zeichen zu setzen, verkündeten sie, daß sie jugendliche Straftäter von ihren Ketten erlösen wollten. Ich gehörte zu den wenigen, die sich diese »Aktion«, die auf Kommendes verweisen sollte, ansahen. Erbärmlich. Es gab keine Ketten. Und auch niemanden, der erlöst werden mußte.

Ich mochte diese Bande nicht: Ihr Anführer, ein brutaler Kerl, der auch unter anderen Bedingungen ein Verbrecher geworden wäre, seine enge Gefährtin: eine hysterische Protestantin. Eine Journalistin gehörte auch dazu. Eine intelligente Frau, sie hatte sich moralistisch verrannt. Sie tat mir leid. Eines Tages sagte der Anführer zu einem kleinwüchsigen Freund: »Geh mir aus dem Weg, du Zwerg.« Da hatten sie immer noch nichts richtig Schlimmes getan. Ich fand das schon schlimm genug.

Das erzähle ich alt geworden Jüngeren, die zu Romantisierungen neigen (nix Robin Hood, oder so).

*

Spiegelblind
Eine Technik, die ich erst älter geworden beherrschte: in den Spiegel zu schauen (es funktioniert nur bei bestimmten Verrichtungen, wie zum Beispiel beim Kämmen oder Zähneputzen), ohne mich darin wirklich zu sehen. Der Spiegel zeigt ein altersloses Bild – zwar nicht beschönigt, aber auch ohne Grausamkeiten. Irgendwie neutral. Als wäre es nicht das eigene. Ein technisches Sehen. Ich habe das nicht geübt. Plötzlich stellte ich fest, daß es so ist. Das erklärt den Schrecken, wenn ich mich überraschend und unvorbereitet in einem Spiegel sehen muß (im Kaufhaus kann das leicht passieren, allzumal, wenn man in einem Rollstuhl geschoben wird): O Gott, die alte Frau bin ja ich!

Das technische, »neutrale« Sehen kommt nur bei der spiegelbildlichen Betrachtung des Gesichtes zum Einsatz. Ich schaue auf meine Hand und registriere ungeschützt genau jede altersbedingte Veränderung. Vielleicht aber liegt der physiognomische Schutz darin, daß beim alltagsroutinierten Blick in den Spiegel immer schon ein unbewußt vorbereitetes Glättegesicht zum Einsatz kommt.

Im Gegensatz zu diesem neutralen Spiegelbild altert das innere Bild, das ich von mir habe, wenn auch undeutlich und in Maßen.

*

Problem des Glaubens

Für eine alternde behinderte Mehrfachkranke ist der Glaube an einen zentralen Verursacher mehrfach behindert.

Man muß entweder eine schlechte Meinung von sich selbst oder von dem Verursacher haben.

*

Jedermann

Alte berühmte Männer, die viel, ja nahezu alles Menschenmögliche erreicht haben und nun plötzlich das Ende einer Leiter vor sich sehen, legen oft eine unangenehme Verbitterung an den Tag. Ihnen fehlt der matte Charme des alt gewordenen Verlierers. Zuweilen werden sie sogar gefährlich.

Nichts und niemand – das Schicksal, die Gesellschaft, die Geschichte – ist ihnen etwas schuldig geblieben. Sie haben den Rahm abgeschöpft, satt sind sie, ruhmsatt und geldsatt, und nun sollen sie doch noch sterben? Unerhört! Ich verstehe diese Verbitterung, aber sie gefällt mir nicht. Während viele andere Auflehnungen, auch gerade die gegen Unvermeidliches, meine Bewunderung haben.

Zu meinen Lieblingsaussprüchen gehört jener Voltaires, der, als man ihm vom Erdbeben in Lissabon berichtete, ausgerufen haben soll: »Ich bin dagegen!«

Die Auflehnung gegen den Tod, die manche ihrer Vergeblichkeit wegen lächerlich finden, hat mir immer imponiert. Der Skandal des unfreiwilligen Todes, den zum Beispiel Elias Canetti und der Ackermann aus Böhmen benannt haben. Jemand erwähnt auf einer Abendgesellschaft beiläufig Canettis »Todfeindschaft gegen den Tod«. Etwas belustigt. Und er fügt dem überflüssigerweise hinzu, daß sie dem Dichter nichts genutzt habe. Das ärgert mich. Ich höre mich sagen, daß auch ich gegen den unfreiwilligen Tod sei und dabei nach dem Nutzen nicht frage. Die verkrampfte Heiterkeit, mit der die meisten auf diese Äußerung reagieren, gefällt mir auch nicht. »Dann wird es aber sehr voll hier werden«, sagt der Witzigste. Ich lege nach: daß es jetzt schon aufs Ganze gesehen ziemlich voll sei, daß ich gegen das ganze leidvolle »Stirb-und-werde« sei, daß mich Menschen, die es noch gar nicht gibt, nicht interessierten, die Gattung an sich nicht, nur der einzelne, sobald er leidensfähig vorhanden sei. Ob ich denn etwas gegen diese Abläufe unternehmen könne, werde ich gefragt. Nein, das könne ich nicht. Aber auch die Abschaffung von Krieg, Hunger und Folter stehe nicht in meiner Macht, gleichwohl sei ich dagegen. Das sei für mich eine Frage der geistigen Hygiene (die Wut muß diese Formulierung in meine Rede getrieben haben), daß man sich Rechenschaft über seine Zustimmungen und Ablehnungen ablege.

Jetzt habe ich die Stimmung endgültig versaut. Macht nichts.

Begleitungen

Und nun ist der hundertste Geburtstag fällig, von einem, bei dem man noch gelernt hat. Hundert hätte er aller Wahrscheinlichkeit nicht werden können. Warum eigentlich nicht? Ernst Jünger und der unsäglichen Leni Riefenstahl und unzähligen Grottenolmen wurde es doch auch zuteil.

Adorno

Wiederholte Anfrage der Redaktionen:

– Schreiben Sie uns doch bitte einige wenige Zeilen zum hundertsten Geburtstag von Theodor W. Adorno.

– Nein, nein, nichts Theoretisches – mehr persönlich. Wenn

Sie vielleicht eine launige, kleine Anekdote wüßten, Sie haben doch bei ihm studiert.

– Habe ich. Weiß aber trotzdem keine Anekdote, keine launige und nicht einmal eine kleine. Und wenn ich eine wüßte, würde ich mir deren Veröffentlichung hoffentlich verkneifen.

Launige Anekdoten dienen nicht notwendig, aber allzuoft der zuweilen uneingestandenen Absicht, Große klein und gemein zu machen. Und genau dies, die Versuche, den Philosophen und Musiker auf probate Durchschnittlichkeit zu reduzieren, war Spießerübung schon zu seinen Lebzeiten: man denke an die furchtbar lustige Überreichung eines Teddybären in Berlin. Seit seinem Tod mehren sich die Schmunzelpublikationen, die mit der Unterstellung minimaler moralischer Schwächen der Person das Ganze seiner Theorie zu treffen suchen. Das reicht bis zur Häme – ein wahrer Entlarvungsfuror – und ist ziemlich eklig, zeigt aber doch auch die Beunruhigungen, die noch immer von diesem Denken ausgehen.

– Das interessiert Sie nicht? Und ist auch zu wenig persönlich?

– Also gut: Ich zähle mich nicht zu den Gralshütern der Kritischen Theorie, aber ich werde immer dankbar sein für die Prägungen, die von diesem frühen Einfluß Adornos kamen, und die Anregungen, die stets noch kommen.

– Immer noch zu wenig privat? Bitte sehr: ich fand den kleinen rundlichen Mann mit den großen dunklen Augen sehr liebenswürdig. Und ich habe niemals mehr einen Hochschullehrer getroffen, der seinen Schülern mit einer so erlesenen Höflichkeit und Besorgnis begegnet ist.

Das muß genügen.

– Vielleicht noch eine Korrektur. Ich lege aus persönlichen Gründen Wert auf die Feststellung, daß die berüchtigte »Busenaktion« – wohl der schändlichste Marginalisierungsversuch der obengenannten Art – nicht von den Frauen des sogenannten Weiberrats initiiert wurde (so wird es immer kolportiert), sondern von den Groupies dummer, rachsüchtiger SDS-Mannen.

(Solche Korrekturversuche sind völlig sinnlos. Geschichte ist Kolportage. Mächtige Überlebende sehen die Dinge sowieso so, wie sie es wollen.)

*

Erstes Drittel 2004

Die Zeitungen würdigen den siebzigsten Geburtstag der Mezzosopranistin Marilyn Horne. Ich freue mich über eine liebevolle und sachkundige Lobrede von Jürgen Kesting. Ich liebe die Stimme und die Gesangskunst der Marilyn Horne! Was glaube ich laienhaft in ihrem Gesang nicht alles zu hören, Intelligenz, Witz, Modernität, vor allem aber Virtuosität.

Der elegante Schauspieler Cary Grant, den ich mochte (er konnte zugleich lächerlich und souverän erscheinen), wäre dieser Tage hundert geworden, wenn er es geworden wäre, und Doris Day, eine irgendwie komische randständige Begleiterin meiner Jugendzeit, wird achtzig.

Oppenheimer, der »Vater der Atombombe«, wäre, wenn er noch wäre, hundert geworden.

Und Peter Ustinov ist tot. Ihn habe ich sehr gemocht. Daran ist etwas Merkwürdiges.

Daß man eine Stimme, einen Klang, ein Timbre, eine gesangliche Expression liebt oder einen Mimen, in der Art, wie er spielt, sympathisch und angenehm findet, das ist nicht merkwürdig. Daß man aber einen Menschen, den man leibhaftig nie kennenlernte, richtig gern hat, das ist für meinen Fall merkwürdig.

Und die Schauspielerin Marika Rökk ist in hohem Alter gestorben. Ich kann es kaum glauben. Sie habe ich in ihrer horrenden Zähigkeit und ihrer ignoranten Robustheit (Achtung: Ressentiment!) so richtig gar nicht gemocht. Das ist auch ein bißchen absurd. Ich dachte, sie tanzt und singt immer weiter. Ich höre ihre scharfe Stimme: »In der Nacht ist der Mensch nicht gern alleine …« Aus ihrem Munde klang es wie eine Drohung. Ein Filmkritiker hat einmal gesagt, sie habe eine faschistische Muskulatur. Aber das geht doch entschieden zu weit, nicht wahr?

*

Ach ja, das zunehmend schlechte Gedächtnis
Ich will mir etwas merken. Ich weiß heute schon, daß ich es morgen vergessen haben werde. Meine Treffsicherheit in die Zukunft ist, so gesehen, besser als die in die Vergangenheit.

Merkwürdigerweise habe ich ein ausgezeichnetes Futtergedächtnis. Ich weiß noch genau, wann und wo ich etwas aß, das mir wirklich schmeckte. Das hat etwas Kreatürliches, was mich unangenehm berührt. Das Tier in mir hat ein besseres Gedächtnis als ich.

*

»Meine Oma fährt im Hühnerstall Motorrad …«
Das Lied haben wir als Kinder gern gesungen und dabei sehr gelacht. (Kinderhumor ist auch so eine Sache.) Es stammt aus

einer Zeit, als Großmütter noch nicht nach Mallorca fuhren, und schon gar nicht auf dem Motorrad. Da meine Großeltern vor meiner Geburt gestorben waren, hatte ich keine nahen Anschauungen. Die Bilderbücher zeigten: »Omas« waren gebeugte schrumpelige schwarzgekleidete Alte in Lehnsesseln, die es aus irgendeinem Grund auf dieser Welt auch gab. Sie sich auf einem Motorrad zu denken, war lustig.

Indes, bevor ich mich und die anderen vergangenen Kinder in ihren Belustigungen zu sehr verachte, führe ich mir vor Augen, daß es auch in der Jetztzeit zu den Anstrengungen einer Versöhnung mit dem Alter gehört, den Alten eine listige Lustigkeit zuzuschreiben: Filme über Rentnergangs, die aus den Altersheimen, die jetzt Seniorenheime heißen, ausbrechen und Regelverstöße begehen. Die Schauspielerin Inge Meysel wurde auf ihre alten Tage für solche Rollen gerne eingesetzt. Allerdings – und das unterscheidet das Altersverständnis doch von den Vorstellungen zu meiner Kinderzeit – wird ihnen, den Alten, jetzt mehr Leistungsbereitschaft abverlangt.

Wollen Sie uns Ihr Alter verraten? fragt der ölige junge Moderator mit dem durch nichts gerechtfertigten massiven Selbstbewußtsein eine vitale listig blinzelnde Alte, die soeben Enormes vollbrachte. (Lassen wir sie in einem Schlauchboot einen Wasserfall hinuntergefahren sein.) »Neunundachtzig«, lautet triumphierend die Antwort. Das Publikum klatscht. Und schon sind alle Achtzigjährigen und auch jüngere Alte mit einem kleinen Hang zu Lehnstühlen, jene, die nicht mehr Berge besteigen und Wasserfälle hinunterrauschen können und das auch nicht wollen, blamiert.

*

Generationenkampf

Hundert Jahre für ein Menschenleben – jetzt ein mögliches Alter. Das war es in meiner Jugend nicht. Da hätte man von »biblisch« gesprochen.

Und während die Alten in den westlichen Ländern überlegen, wie sie die vielleicht noch anstehenden Jahrzehnte in Würde verbringen und finanzieren könnten, rast eine islamische Jugend, aufgehetzt von alten Männern, begeistert in den frühen Tod.

In den Medien treten sie jetzt vermehrt auf: Jüngere als Jüngere. Sie beklagen eine Ungerechtigkeit. Sie wähnen: etwas wird ihnen genommen (zu Recht, manchmal, sicher nicht immer). Mir fällt auf, daß sie Jüngere sind, wie man katholisch ist oder Asiat oder SPD-Mitglied. Ich glaube, daß sie heimlich glauben (fragte man sie, sie würden es abstreiten), daß sie dieses Etikett behalten können. Da werden sie mächtig auf die Nase fallen. Ich werde das leider nicht mehr erleben.

Das ist eine Banalität, die Verdrängung des Älterwerdens.

Alte treten auch auf als Alte im Generationenkampf. Das ist aber nicht so bedenklich, denn das – alt – werden sie ja bleiben, solange sie bleiben.

*

Irrtum

Bis zu meinem fünfundvierzigsten Lebensjahr hat mich das Älterwerden nicht weiter bekümmert. In meiner eigenen Jugend war ich ästhetisch und erotisch nicht strikt auf Jugend abonniert. Nicht, daß ich kein Auge für den Schmelz des Jungen gehabt hätte – das Frische, das Glatte, das Straffe hat visuell durchaus mein Wohlgefallen gefunden –, indes erotisch war ich nicht darauf reduziert (mehr so eine Sache für Statuen auf Kaminsimsen). Der Jugendkult bahnte sich in der Werbung dieser Zeit schon an. Ich nahm nicht teil. Auch mit Devisen wie »Trau keinem über dreißig« machte ich mich nicht schuldig.

Die Menschen, die ich liebte, waren in der Regel etwas älter als ich. Du wirst es unter dieser Vorgabe mit dem Älterwerden einmal nicht so schwer haben, das dachte ich damals. Nicht ganz falsch, aber auch nicht ganz richtig. War ich in jüngeren Jahren für einen bestimmten Zeitraum vielleicht einmal in der Lage gewesen, Ältere einer annähernd souveränen (soll heißen: einigermaßen altersunabhängigen) Betrachtung zu unterziehen, so sah ich mich, selbst auf die Fünfzig zugehend, mehr und mehr durch die Brille allgemeinen Dafürhaltens alt werden. In dem Blick, den ich nun auf mich selbst richtete, war der der anderen. Gerade im Blick auf mich selbst steigerte sich dessen Grausamkeit. Ich habe den Eindruck, daß mit dem zunehmenden Alter mein Blick auf andere milder, der auf mich selbst aber erbarmungsloser geworden ist.

Runzelsex (so darf man das nicht nennen!)

Das sei doch selbstverständlich, daß man auch den Alten, selbst den ganz alten Alten, noch ein sexuelles Begehren und eine Befriedigung ihrer Lust zugestehen müsse, lese ich in einer Publikation, die sich mit dem Alter befaßt. Ja, ja, das sehe ich auch so, ich möchte nur nicht dabeisein. Ich bin für diese Liberalisierung, aber ich bin ihr nicht mehr gewachsen.

Das ist ein alter Konflikt in mir: der zwischen meiner gesellschaftspolitischen Liberalität und meiner ästhetischen Belastbarkeit.

Ich bin für den Kampf gegen die Altersdiskriminierung, der jetzt publizistisch ein wenig statt hat, ich bin gegen den Jugendwahn. (Hatte ich doch in meiner Jugend eine leichte körperliche Mürbigkeit sogar goutiert.) Trotzdem wirkt der wirklich alte Körper auf mich wie ein ästhetisches und ontologisches Unglück. Leider. (So milde ist mein Blick nun doch nicht.) Das sei nicht in Ordnung. Auch der alte Körper habe seine Schönheit, wird mir gesagt.

Im alten Gesicht, ja, da kann ich zuweilen eine Schönheit sehen – aber die Körper? Ich habe schon die zukünftigen Photographieausstellungen zur Altersschönheit vor Augen, die mich mit Hilfe ästhetischer Aufbereitungen und massierter Präsentationen optisch desensibilisieren und von meinen Vorurteilen heilen sollen.

(Manchmal schaffe ich es nicht, den Fernseher vor dem Einschlafen auszuschalten. Dann geschieht es zuweilen, daß ich tief in der Nacht aufwache und mich mit einer dicken, weitgehend nackten, nicht mehr jungen Frau konfrontiert sehe, die heftig keucht und mich auffordert, sie anzurufen. Das ist schon hart genug, aber die Vorstellung, diese Aufforderung zukünftig von einer Greisin entgegennehmen zu müssen, schockiert mich.)

Wenn ich Leute wie mich, deren unkorrekte Wahrnehmung, in Betracht ziehe, kann ich die Frauen verstehen, die zum Chirurgen rennen und raffen, straffen und absaugen lassen, was das Zeug hält. Wäre ich gesund, wohlhabend und angstfrei, würde ich es wahrscheinlich auch tun. (»In deinem Falle wäre es frivol«, sagt meine Freundin S. Sch., die immer recht hat.) Was gewönne ich denn? Einige Jahre, in denen ich mir und anderen besser gefalle. Aber das ist doch was im kurzen

Leben. Wäre es im Aufwand und im Risiko dem Zahnersatz vergleichbar, machten es dann nicht alle? Um mich zu läutern, wird mir von einer Vierzehnjährigen erzählt, die auf eine Brustvergrößerung spart. Vielleicht muß ich neu nachdenken.

Jungbrunnen

Illustrationen des Jungbrunnen-Motivs. Bilder, auf denen faltige Greisinnen auf der einen Seite in ein Wasser steigen und auf der anderen in straffer Mädchenblüte wieder herauskommen. Ein Menschheitstraum! Ein Menschheitstraum, der zunehmend zugänglicher wird. Ja, so verformt enden sie eben, die Menschheitsträume: der vom Jungbrunnen unterm Chirurgenmesser, der vom Fliegen im engbesetzten Jumbojet, der von der Goldmarie in der Lottobude. Glück und Elend in einem.

Ich bin sicher, daß alles, was vom Menschen gedacht werden kann, von ihm auch gemacht werden kann. So wie das Fliegen, einst nur dem Gott Hermes zugestanden, alltäglich verwirklicht wurde, so wird sogar die Unsterblichkeit, die Auszeichnung aller Götter, dereinst in den Bereich menschlicher Möglichkeiten rücken. Aber diese Verwirklichung wird uns nicht wahrhaft göttergleich machen, auch um dieses Privileg wird es wie um alles die bestialischsten Verteilungskämpfe geben – die Länge des Lebens, eine Frage der pekuniären Potenz. (Unter der Voraussetzung, daß die Menschheit sich nicht vorher selbst vernichtet – sich mitsamt ihren Göttern in einem großen Brand auslöscht. Auch das wurde schon gedacht.)

Noske und Ebert in der Badehose
Das war einmal ein Skandalphoto, das Politik machte.

»Dürfen alte Leute geblümte Unterhosen tragen?« frage ich meinen Freund Th. J. (aus meiner Perspektive ist er jung). »Man darf zu keiner Zeit geblümte Unterhosen tragen«, sagt er. »Schon recht«, sage ich. »Nein«, sagt er, »das sollten sie nicht tun, das ist unwürdig.« – »Aber vor sechzig Jahren noch hätte man mein heutiges Aussehen auch für altersunwürdig gehalten«, sage ich. »Und eine Kanzlerin im Hosenanzug war in jeder, wirklich jeder Beziehung undenkbar.«

Vor vielen Jahren wohnte ein Mann in meinem Haus, dessen Würde, wie ich fand, Schaden nahm, weil er sich zu jugendlich inszenierte. Seine Garderobe viel zu modisch, das Haar blondiert, und sobald man in Sichtweite kam, federte er durchs Treppenhaus. Ich schätzte sein Alter auf Mitte sechzig. Wahrscheinlich läßt ihn diese angestrengte Verjugendlichung älter wirken als er ist, dachte ich. Dann starb er plötzlich, und ich erfuhr, daß der Tod ihn im Alter von fünfundsiebzig Jahren traf.

*

Domestikation der Erinnerung
In den Wissenschaften geht es vorwärts. Die neuesten Meldungen: Bald soll es eine Pille fürs gezielte Vergessen geben. Welche Abteilungen meiner Erinnerung (soll heißen: welche erinnerten Erinnerungen) würde ich dieser Auslöschung überantworten? Nicht einmal die schlimmsten.

Was würde ich gewinnen, wenn ich es täte? Einen besseren Schlaf? Das wäre ja schon etwas. Aber wäre es dann nicht gleich besser, endgültig zu schlafen?

Chip im Gehirn. Auch die Möglichkeit der Implantation eines solchen Chips wird in Aussicht gestellt. Könnte er meine Beine wieder in eine gute Bewegung bringen? Könnte er meine Gedanken direkt auf einen Bildschirm leiten? Ich werde es wohl nicht mehr erfahren.

*

Gegenläufig

Will man die zurückliegenden Stationen des Älterwerdens im Verlauf des eigenen Lebens objektivieren, muß man gegen den Strom des täglichen Zeitzuwachses gesicherte Indikatoren einer verflossenen Wahrhaftigkeit aufrufen. Wahrhaft sind die Zahlen. Ich kann den Ausschnitt meiner Lebenszeit mit Zahlen rahmen. Das ist eine blasse Sache.

Ich versuche, die Objektivierung durch die Aufzählung technologischer Zuwächse zu erreichen: es gab schon das Telephon, das Auto, das Flugzeug, das Radio. Na und?

Wenn es solche Einrichtungen schon gibt, haben sie für heranwachsende Kinder, für die die ganze Welt neu ist, den gleichen Erstaunlichkeitsgrad wie die Blumen, die Stühle und der Himmel.

Ein Freund sitzt mit seinem zweijährigen Sohn L. B. in einem Flugzeug. Es ist das erste Mal, daß der Kleine fliegt. Der Freund wundert sich, daß sein Sohn von der Sicht auf »die Welt von oben« weniger beeindruckt ist als von dem Schnapprollo am Flugzeugfenster. Indes, bewegliche Kabinen sind für den Kleinen kein Wunder mehr: Busse, Straßenbahnen, Züge, Autos hat er schon wahrgenommen. Auch »die Welt von oben« kennt das Kind, es hatte sie gesehen, immer wenn seine Eltern es hochgehoben und durch die Luft gewirbelt hatten, da kommt es ihm auf ein paar Meter nicht an. Hoch ist hoch, aber so ein Schnapprollo, mit dem man selbst die Welt hereinlassen und wieder wegblenden kann …

Als ich in die Welt hineinwuchs, gab es noch nicht: den Computer, das Mobiltelephon, das Fernsehen, die Spülmaschine, die Waschmaschine – bringt mir diese Überlegung etwas? Nein, eigentlich nicht. Bislang fühle ich mich technologisch nicht überrollt. Ich kann am Computer das, was ich an ihm können will, ich könnte einem Kind allerdings nicht plausibel machen, warum er funktioniert, aber ich könnte ihm auch die Technologie eines Lichtschalters nicht seriös erklären.

(Ich hätte gern weiterhin ein Mobiltelephon, mit dem man *nicht* photographieren, Eier kochen und fernsehen kann. Das wird schwierig, sagt man mir.)

Ich suche weiter nach verläßlichen Rahmendaten mit Aussagekraft.

Ich besitze zwei Listen. Die erste Liste, sie befindet sich auf einem zusammengefalteten DIN-A4-Blatt in meinem Portemonnaie, beinhaltet eine Aufstellung all meiner Krankheiten (die vergangenen, die akuten und die, von denen man es nicht weiß, ob sie noch wirkmächtig sind), meiner Operationen (wann, wo, warum), der Medikamente, die ich regelmäßig einnehmen muß, und meiner Krankenkasse (inkl. Vers. Nr.). Diese Liste führe ich immer mit mir. Ich brauche sie, wenn ich bei einem neuen Arzt vorstellig werde und eine Anamnese fällig ist. Ich kann mir diesen Wust an Daten und Gebrechen nicht merken.

Bei der zweiten Liste handelt es sich um das Verzeichnis meiner Publikationen. Sie befindet sich in irgendeinem Dateiengrab auf meinem Computer. Sie brauche ich so gut wie nie. Die Zeiten der Bewerbungen oder Angebereien sind vorbei. Vor zwei Jahren habe ich sie einmal hervorgekramt, da hatte mich ein Freund auf eine weitere Liste als Anwärterin für einen Preis lanciert. Der Freund ist kürzlich gestorben. Den Preis habe ich nicht bekommen.

Die erste Liste ist wesentlich länger als die zweite. Wenn ich die Listen nebeneinanderhalte, bin ich von mir selbst beeindruckt. Wann hast du angesichts dieser Kette gesundheitlicher Debakel das eigentlich geschrieben, wann hast du deinen Beruf ausgeübt, wann hast du dich der Liebe und den Freundschaften gewidmet? Ich überlege, ob ich nicht für alle Abteilungen meines gewesenen Seins solche Listen mit Ereignisketten herstellen sollte, um mir noch mehr zu imponieren. In manchen Stunden braucht der Mensch solche Selbstbestätigungen. Könnte es eine Glücksliste geben?

War ich glücklich, als ich mit einer großen Tüte im Arm eingeschult wurde? Eine Photographie sagt: nein. (Die Photographie mit dem verkniffenen Mund besagt gar nichts. Als Kind haßte ich es, photographiert zu werden.)

War ich glücklich, als ich mich noch zu Pferde bewegen konnte? Eine Photographie sagt: ja.

War ich glücklich, als ich das Abitur bestand? Ich weiß es nicht mehr.

War ich glücklich, als ich meine Examina bestand? Ich weiß es nicht mehr.

War ich glücklich, als ich den Führerschein erhielt? Ich glaube, ja.

War ich glücklich bei meinem ersten Rendezvous? (Wann wurde dieses Wort aufgegeben und durch ein englisches ersetzt?) Ich kann mich nicht einmal an das Ereignis selbst erinnern.

War ich glücklich, als mein erstes Buch erschien? Vielleicht. (Ich glaube, ich fand ein Glück im Stolz meiner Mutter.)

War ich glücklich während irgendwelcher Graduierungen und Ehrungen, die mir zuteil wurden? Ich weiß es nicht mehr.

War ich glücklich, als ich meinen fünfzigsten Geburtstag etwas zu pompös (weil ich befürchtete, den sechzigsten nicht mehr zu erleben) feierte? Ich glaube, ja.

Ich war glücklich, als ich einst den kleinen Hund Anka unter dem Weihnachtsbaum fand. Ganz sicher. *Das* weiß ich genau.

Ich höre auf mit dieser Liste, sie ist blödsinnig. Gerade diese Liste, die ein hohes Gefühl abfragt, gibt mir keine Auskünfte über die Zeitläufte und mein Befinden in ihnen.

Schizophrenie

Wie kam ich überhaupt auf diese hirnrissige Listen-Idee? Irgendwann fiel mit auf, daß ich mein Älterwerden in zwei kraß unterschiedenen Versionen erzählen könnte: als gesundheitliche Katastrophenabfolge. Eine Horrorgeschichte. Ich könnte damit Leute erschrecken. Zugleich aber kann ich mein Leben in eine helle Erzählung bringen. Ich kann viele Momente des Glücks, der Liebe und der freudigen Erregung in ihr bergen. Ich stelle fest, daß ich die Berechtigung beider Geschichten anerkenne, daß sie sich völlig unversöhnt, unvermittelt, gewissermaßen parallel geführt, in meinem Gemüt (wann wurde dieses Wort, das ich mag, aufgegeben?) Raum haben. Himmel und Hölle. Glück und Elend. Kaum was dazwischen.

Zimmer 218

Fortuna läßt sich nicht herbeizwingen, nicht zum Bleiben nötigen, ihre Besuche sind unvorhersehbar, selten, und erst, wenn sie schon wieder entschwunden ist, realisiert man, daß sie kurz da war. Das sind die geläufigen Annahmen über die Flüchtigkeit des Glücks.

Für meinen Teil stimmt das nicht. Einst konnte ich das Glück herbeizwingen. Einst (dieses »einst« umfaßt mindestens zwölf aufeinanderfolgende Jahre) fuhr ich mit meiner Freundin S. Sch. nach Sorrent. Immer Mitte September. Immer stiegen wir in einem Hotel hoch auf der Klippe ab, in dessen Gebäudekomplex sich das Geburtshaus Torquato Tassos befindet. Immer bezogen wir das Zimmer 218.

Es liegt in dem alten Renaissanceteil, hat ungewöhnliche Proportionen und eröffnet durch ein sehr hohes, bis zum Boden reichendes Fenster einen grandiosen Blick auf die Bucht von Neapel und den Vesuv. Das Licht! Die Farben! Ich sah dorthin, wo die Sonne bei Capri im Meer versinkt. Ich bin nicht originell im Glück.

(Der Mangel an Originalität hat als Einwand gegen das Glück keinen Bestand.)

Ich freute mich schon Wochen vor Reiseantritt auf mein Glück. Immer wenn wir die scheußlichen Vorstädte Neapels, die Ruinen der Baupleiten und die Autofriedhöfe, die den Weg säumen, hinter uns gelassen hatten und zum ersten Mal das Meer nach einer Kurve aufblitzte, ging es gleich los mit dem Glück. Dann war ich glücklich während meines Aufenthaltes, und wenn ich abfuhr, tat ich es im Bewußtsein, glücklich gewesen zu sein. Für meine Freundin S. Sch. liegen die Quellen des Glücks an anderen Orten. Sie fuhr mit mir, weil sie mein Glück wollte.

Und auch darin, daß es jemand will, mein Glück, liegt mein Glück.

*

Kind und Tod

Einst, vor zwanzig oder dreißig Jahren (ich kann es beim besten Willen nicht genauer datieren), sah ich zufällig im Nachmittagsprogramm des Fernsehens eine Sendung, die das Verhältnis von Kindern zum Tod zur Sprache brachte. Ein kleines Mädchen, das dazu befragt wurde, sagte: »Wenn man stirbt, dann ist man wirklich tot.« Das kleine Mädchen, so scheint mir, hat in diesem Moment tiefer in den Abgrund geschaut als viele Alte, zumindest tiefer als all jene, die sich vorauseilende Sorgen machen, ob sie im Falle ihres plötzlichen Ablebens, zum Beispiel als Unfall-Leiche, eine tadellose, elegante Unterwäsche tragen würden. Vielleicht hatte sich die Kleine gerade von einer verbreiteten Kinderphantasie verabschiedet, nämlich von der durch die Erbitterung über eine elterliche Ungerechtigkeit provozierten Vorstellung, tot zu sein, und nun vom Standpunkt gleichzeitigen Vorhandenseins und Nichtvorhandenseins rachebefriedigt die Trauer und die Reue der Eltern am eigenen Grabe betrachten zu können.

Diese Spaltung im Denken über den Tod überdauert zuweilen den kindlichen Trotz.

Wenn man schon älter geworden über das Älterwerden räsoniert, gerät man stracks in diesen kindlichen Schizotaumel.

Älterwerden ist in der Regel beschwerlich, die Verluste häufen sich: die Augen werden trüber, die Haut mürber, die Sehkraft schwindet wie die Kraft überhaupt, die des ganzen Körpers, alles wird schlaffer und schlechter ... und das dämmrige Wissen, wie es endlich enden wird, schiebt sich zunehmend in alle Tage – und doch muß (?) man sich freuen, wenn man es – älter geworden – geworden ist, weil man sonst schon tot wäre. Dann aber wüßte man ja schließlich gar nicht, daß man nicht älter geworden ist. So gesehen, wäre es eigentlich egal.

Was wir wohl nicht wahrhaben wollen: Der Tod ist keine

Erfahrung, sondern eine Widerfahrung, die nicht mehr zur Erfahrung werden kann.

Deshalb sind die Beteuerungen, den eigenen Tod unbedingt bewußt erleben zu wollen, nur bei Gläubigen glaubhaft. Aber: Selbst wenn ich gläubig wäre, würde ich mich vor der banalen Annahme hüten, daß im Jenseitigen die gleichen lebensweltlichen Bedingungen, die gleichen hirnphysiologischen Erinnerungs- und Verarbeitungsmuster Geltung haben könnten. Wäre ich gläubig, sähe ich in solchen Annahmen eine Art Blasphemie; als Gläubige empfände ich darin einen Mangel an Respekt vor der Unzugänglichkeit des höher gewollt Unzugänglichen.

»Falls ich einmal sterbe …« (Prometheus)

Das sagte, so wurde es mir kolportiert, ein bekannter, mächtiger Mann. Ein Mann mit Einfluß auf das Schicksal vieler Menschen und vieler Bücher. Ein Mann von einer für mich zuweilen erschreckenden Lebenskraft. Aus dem, was dieser Einleitung folgte, so die Kolporteure, sei hervorgegangen, daß er eigentlich meinte: Dann, wenn ich sterbe. Ich kann mir aber vorstellen, daß dies nicht einfach ein sprachlicher Lapsus war; ich kann mir vorstellen, daß ein so vitaler Mensch sich den eigenen Tod, wenn überhaupt, allenfalls als einen äußerst unwahrscheinlichen Fall vorstellen kann. Ich denke das ohne Häme.

Wahrscheinlich kann sich niemand die Unwirklichkeit des eigenen Todes wirklich vorstellen. Wir haben davon nur ein Dämmerwissen. Etwas mehr, aber auch nur ein Gran mehr, Vorstellungskraft entwickeln vielleicht die, die der Tod einmal gestreift hat, und das nur vorübergehend.

Morituri
Interviews mit Menschen, die sich bei einer Flugzeugentführung lange Zeit in Todesangst befanden: Der Reporter fragt sie, ob sich nach ihrer Rettung das alltägliche Leben geändert habe. Ja, das sei schon der Fall, sagt eine Entronnene, es komme jetzt gelegentlich vor, daß sie das Konto überziehe. Auch daran denke ich ohne Häme. Es ist wohl kaum möglich, sich stets auf der Höhe einer Wiedergeburtseuphorie zu halten.

»Man muß jeden Tag so leben, als wäre es der letzte«, sagt im Raucherzimmer der Klinik ein in seinen Aktivitäten schon sehr Eingeschränkter zu mir. Er schaut mich drohend an. »Gute Idee«, sage ich. Keine gute Idee, denke ich. Mir ist das nicht gegeben.

Ich würde am Vortag des Weltuntergangs kein Bäumchen pflanzen. Der Gedanke der Zukunftslosigkeit lähmt mich.

Das Alter lähmt. Das Alter ist zunehmende Zukunftslosigkeit.

»Die Zukunft war früher auch besser«, sagte Karl Valentin.

»Es wird a Wein sein …«
Dieses sentimentale Heurigenlied hat mich – ich gestehe es ungern – immer gerührt. Aber befinde ich mich mit dieser Rührung nicht auf dem falschen Untergangsdampfer? Wird nicht dereinst, wenn ich gestorben sein werde, auch die Welt, wie ich sie kenne, ob mit, ob ohne Wein, untergegangen sein. Die Schwierigkeit: sich vorzustellen, daß es, wenn ich tot sein werde und infolgedessen auch diese, meine Welt, keinen Bestand mehr haben wird, ganz egal sein wird, daß es mich nicht mehr gibt und daß es mich einmal gab.

Hätte ich Kinder, sähe ich es möglicherweise anders.

*

Heimat
Ich hatte in der Gesundheit und der Normalität keine Heimat. Dergleichen gab mir keine Wohnung und keinen Maßstab. Ich konnte nicht in mir ruhen.

Es war kein Tag in den letzten sechsunddreißig Jahren, an dem ich mir nicht meiner Einschränkungen bewußt gewesen wäre; es gab keinen Moment, in dem ich mich selbst primär darüber erkannt hätte.

Es gab Momente in den letzten zehn Jahren, in denen ich meine Einschränkungen und mein Alter ganz vergaß – zum Beispiel, wenn ich mit Jüngeren arbeitete oder kalauerte –, ich bezweifele aber, daß meine Umgebung es mit mir tat.

Als ich noch ein Kind war, sagte meine Mutter mir, daß ihre Mutter, als sie noch ein Kind war, ihr gesagt habe, daß sie das Glück wahrnehmen und genießen solle, weil ihr das Leid im Leben gewiß sei. »Ich glaube«, sagte meine Mutter, »sie hatte recht.« Ja, sie hatten recht.

Häuslichkeiten
Jeder, der eine Wohnung einrichtet, jeder, der einen Garten anlegt, jeder, der morgens eine Garderobe auswählt, gibt einen kleinen Hinweis darauf, wie er sich die Welt wünscht.

Ist das so?

Naturgemäß
Wenn man über Jahrzehnte an einer unheilbaren Krankheit leidet, ist dieser Zustand irgendwann wie das Leben und das

Altern selbst: Die besondere Befristung geht in der allgemeinen auf. Fristensignale – das Kranksein wie das Altern – Verluste, Verluste.

Aber das ist doch auch wahr: vieles war von vornherein nicht möglich: Olympiasiegerin im Kugelstoßen hätte ich konstitutionell nie werden können (was ich allerdings auch nie werden wollte), eine große, in jeder Beziehung raumfüllende Koloratursopranistin hätte ich auch nicht werden können (was ich vielleicht gewollt hätte).

Wollten wir hadern? Wollten wir klagen? Welche Vorstellung von einer normierten Vollkommenheit, von einer einklagbaren körperlichen und geistigen Grundausstattung läge dieser Klage, für die es keinen Adressaten gibt, zugrunde?

Ich mochte sie nie, die Griesgrämigkeit derer, die immer den Eindruck erwecken, als wäre das Leben ihnen etwas schuldig geblieben. Man findet sie vornehmlich bei den Kerngesunden.

(Tapfer gesagt, aber wer weiß, welcher Gram mich noch dereinst auszeichnen wird, wenn die Dinge sich fortschreitend verschlechtern werden).

»Es ist das Altern eine *unheilbare* Krankheit, und weil es ein Leiden ist, unterliegt es den gleichen phänomenalen Gesetzen wie irgendeine akute Beschwernis ...« (Jean Améry)

*

Verrechnung

Noch bevor die Pleite der öffentlichen Hand, der drohende Kollaps unseres alten bundesrepublikanischen Gesundheits- und Rentensystems richtig ins Bewußtsein rückte, kam eine merkwürdige Formulierung in die deutsche Sprache: »das rechnet sich«, oder: »das rechnet sich nicht«. Die Phänomene rechnen sich selbst.

Das Alter wird sich zukünftig nicht rechnen. Wir, die Alten, sind purer Verlust. Die Gesellschaft der Jungen kann sich uns nicht mehr leisten (von den chronisch Kranken und Behinderten wollen wir vorsichtshalber gar nicht erst reden).

*

Demokratie

Je ohnmächtiger sich das Volk den einzelnen Folgen dessen, was pauschal Globalisierung genannt wird, ausgesetzt sieht, desto häufiger erhält es jetzt kostenfreie und folgenlose Mitspracheangebote durch das Fernsehen. Es darf ganz viel wählen: den besten Popsänger, das beste Wort, das beste Buch und den besten Deutschen. Die Wahl des besten Deutschen interessiert mich.

Damit das Volk nichts falsch macht, also zum Beispiel nicht etwa Adolf Hitler oder irgendeinen Schlagerfuzzi zum besten Deutschen kürt, wird eine große Manipulationsshow vorgeschaltet, machen sich Prominente mit teilweise sehr unausgewiesener Zuständigkeit zu Fürsprechern der von ihnen zu Favoriten gehypten jeweiligen Deutschen mit Größenanspruch. Sie schwingen sich auf zu Erfolgstrainern im Wettlauf großer Toter jedweder Art. Jedweder Art? Selbst der Behindertensport achtet bei seinen jeweiligen Wettkämpfen auf eine gewisse Vergleichbarkeit. Hier achtet man nicht. Im Zuge dieser Demokratisierung werden alle am Start für gleich erklärt. Das schafft nicht einmal der Tod selbst, der große Gleichmacher, auch noch das Gedenken der Nicht-Toten mitzuegalisieren. Naheliegende Fragen werden gar nicht erst laut: Deutsch? In welcher historischen Situation, in welchen geographischen

Grenzen? Ein kleines Unbehagen schlägt zuweilen durch: Man wolle ja auf keinen Fall Einstein gegen Bach, Goethe gegen Adenauer, Kant gegen Luther ausspielen, beteuern die Prominenten. Ja, was denn sonst? Da es sich um eine völlig differenzfreie Hitliste handelt, die da durch Volkes-Votum erstellt werden soll, tun sie genau das. Das haben die Großen Deutschen nicht verdient, daß sie mir post mortem pauschal leid tun. Das kleine Unbehagen hat sich schnell »versendet«. Ein institutionell Eingeweihter erzählt mir, daß die Oberen des Senders dieses Gemischtwarenranking für eine Kulturleistung halten. Nicht einmal Zyniker. Das mich so etwas immer noch erschreckt.

*

Was hält? (Verankerungen)
(Die Frage nach der Plausibilität vorläufigen Vorhandenseins)
die Liebe (zu S. Sch.)
die Freunde und die Hunde
die Sonne
gute Lektüren
gutes Essen
gute Kunst
gute Musik
angenehme Gesellschaft
die Medizin (daß sie, die Menschen, einander helfen können, zeitweilig die Schmerzen nehmen können)
der Blick von der Steilküste Sorrents auf den Golf von Neapel und
dies und das (aber nicht viel)

*

Der Held der frühen Jahre

Unsere Zeit ist dem Helden nicht günstig. Ein schwerer Schatten lastet auf dem Heldischen. Er reicht noch herüber aus der Mitte des vergangenen Jahrhunderts. Aber das totgesagte Heldentum kriecht aus jeder Ruine, aus jeder Absage wieder hervor. Sein zähes Überleben muß nicht wundern: handelt es sich beim Heldentum doch keinesfalls um eine Realität, nur zu Teilen um eine Idee, im wesentlichen aber um einen Gemütszustand. Früh schon, jedem Begriff, jeder Lektüre, jedem Bild vorgängig, nistet das Heldengespenst in uns, schleicht in unsere Tag- und Nachtträume. Es erwacht zum vollen Leben, erhält Kontur und Kraft mit der ersten Kränkung. Schon die erste Demütigung, die erste als Schmach erlebte Niederlage zeugt kompensatorische Phantasieaktionen. Sie schreit nach szenischen Imaginationen eigener stolzer Siege. Triumphe werden erträumt, Rachen werden phantastisch bebildert. Die Demütigung des Demütigers. Die Phantasien Gedemütigter sind immer furchtbar. Im Dreck soll der andere liegen, sein Dreirad soll mit ihm zerschellen; seine Sandburg wird geschleift. Das ist das mindeste. Noch keine schimmernde Rüstung. Noch keine Accessoires. Noch kein Begriff. Noch keine Heldenidee. Wenn sich die Rache tatsächlich tun läßt, wird sie getan werden; wenn es an Kraft, Mut und Möglichkeit mangelt, muß sie in die Phantasie. Immerhin geht es um Heilung, um die Wiederherstellung des kleinen Ichs, das wir uns gerade erst spiegelbildlich gebastelt haben. Da wird es dann in unserem Traum wieder ganz und etwas größer noch als zuvor; das Ich, von dem Freud (oder war es Lacan?) behauptete, daß es aus einer Wunde entstünde. Der innere Held ist ein seelischer Schadenschnelldienst. Wenn uns im Leben wenig mehr bleibt als solche Phantasien, wenn sie schließlich alles überwölben, uns ganz beherrschen, werden wir wirklich zu furchtbaren

Leuten. Der innere Held bleibt nicht lange so schemenhaft, wie er es im Dreiradalter noch ist. Bald schon wird er ausgestattet. Bald hat er Helm und Schwert, bald Feder und Pfeil, bald Rennwagen und Raumschiff; Kraft und Mut hat er allemal.

Exkurs: Hansi Schmitz

Wir sind eine kleine Kindergruppe. Die meisten von uns sind neun oder zehn Jahre alt. Wir nennen uns Bande. Wir haben schon ein bißchen Karl May gelesen und auch schon einige Filme gesehen, in denen Römer, Indianer und Ritter vorkamen. Wir spielen in den immer noch vorhandenen, halb abgetragenen Kriegsruinen und auf den Baustellen der neu entstehenden Häuser. Beides ist uns streng verboten. Unser Anführer heißt Hansi Schmitz. Er kennt das Leben, er ist stark und mutig, er ist unser Held, fast ein Gott. (Seine exponierte Stellung beruhte auf dem, was ihn massiv von uns Bürgerkindern unterschied. Er war der Sohn eines Hausmeisters. Das Leben seiner Familie spielte sich in der überheizten Küche ab. Es gab Dampfnudeln und Schlagermusik aus dem Radio. Das kannten wir nicht, das gefiel uns. Entscheidender aber war, daß Hansi Schmitz uns im Alter mindestens drei Jahre voraus war. Drei Jahre älter! Das gab ihm eine ungesunde Macht über uns. Man sollte Kinder, die bevorzugt mit Jüngeren spielen, scharf im Auge behalten.) Eines Tages versammeln wir uns wieder auf einer Baustelle. Mir selber fremd, in einer plötzlichen hybriden Anwandlung steige ich auf einen Sandhaufen, um zu verkünden, daß ich in Zukunft die Anführerin der Bande sein wolle. (Es sprach wirklich alles dagegen: mein Alter, meine eher mickrige körperliche Konstitution, mein Geschlecht.) Hansi Schmitz lacht, dann spitzt er die Lippen und pfeift in den Himmel und in meine Rede hinein. Die anderen Kinder lachen jetzt auch. Mich überfällt eine maßlose Wut. Irgendwie schaffe ich es, ein herumliegendes schweres Brett aufzunehmen und es mit Schwung Hansi Schmitz in den Rücken zu hebeln. Hansi Schmitz fällt um und bleibt liegen. Ich bin eine Heldin. In bin keine Heldin. Kein Jubel. Die anderen Kinder sagen: »Jetzt ist Hansi Schmitz tot.« Ich bin eine Mörderin. Ich gehe nach Hause. Ich versuche, die Tragweite des Geschehens in meinen Kopf zu zwingen. Es gelingt mir nicht. Lange Zeit sitze ich apathisch in meinem Zimmer. (Wahrscheinlich vergingen nur wenige Minuten.) Vom Fenster meines Zimmers aus sehe ich, wie die Bande (ohne Hansi Schmitz) auf unser Haus zugeht. Es klingelt an der Tür, und ich höre die Kinder mit meiner Mutter reden, ohne die Worte zu verstehen. Mir ist schon alles egal. Dann betritt meine Mutter mein Zimmer mit den erlösenden Worten: »Das hättest du nicht tun dürfen.« (Diese Worte, das begriff ich sofort, waren von erleichternder Unangemessenheit. Das sagt keine Mutter zu einem Mörderkind. Das sagt man allerdings auch nicht zu einem Helden.) Kurzum: Hansi Schmitz tat der Rücken ein wenig weh, und meine Mutter zwang mich zu einer Entschuldigung bei dem, der mein Held nicht mehr war.

Diese Geschichte ist wahr, in dem Maße, in dem Erinnerungen eben wahr sein können. Sie gefällt mir aber nicht besonders gut. Sie ist zu moralisch. (Meine Mutter sagte einmal, ich sei nach diesem Vorfall nicht mehr so jähzornig gewesen.)

Der Held der späten Jahre

Was wird aus diesem inneren Helden in den alten Tagen? Er siecht mit uns, zuweilen auch vor uns. In der Literatur und im Spiel stirbt der Held jäh. Er fällt wie eine Eiche. In der

Schlacht zum Beispiel. Dann steht er wieder auf und beginnt einen neuen Kampf. Das unterscheidet das Spiel vom Leben, daß es eben immer wieder aufs neue beginnt. Und so elastisch waren auch die inneren Helden unserer frühen Jahre. Dann aber werden sie immer spröder und anfälliger. Der innere Held stirbt langsam, schleichend. Die Imagination unseres heldischen Selbst scheitert, älter geworden, an den Wahrscheinlichkeiten. Im Alter von sechzig Jahren erträumt man sich nicht mehr als Königin. Wenn wir Kinder sind, ist immer noch alles möglich. Die Welt ist noch so neu und phantastisch, daß uns der Wechsel in andere Jahrhunderte, andere Weltteile, andere Identitäten keine Mühe macht. Ein strahlender Ritter zu werden, ist nicht unwahrscheinlicher, als einmal zwanzig Jahre alt zu werden. Alles steht noch in der Möglichkeitsform. Mit der Einsicht in die abnehmenden Möglichkeiten aber beschleicht die meisten von uns eine lächerliche Angst, vor sich selbst lächerlich zu werden. Ich kenne nur einen einzigen Menschen, dem es auch in fortgeschrittenem Alter noch gelingt, sich bei einer aufziehenden Niedergeschlagenheit tagträumerisch als brillanten Konzertpianisten oder umjubelten Wimbledon-Sieger zu phantasieren und auf diese autodynamische Art die eigene Laune wieder aufzuhellen. Den meisten aber verdirbt der Gelenkrheumatismus die heroischen Träume. Helden sterben nicht auf Intensivstationen. Der Heldentod ist sauber. Ein wenig Blut vielleicht, aber keine Schläuche, keine Kanülen, keine Drainagen, kein Schleim, kein Dreck, keine Fäulnis bei lebendigem Leibe. Für das Älter- und Schwächerwerden gibt es keine Rachemöglichkeit. Der Reparaturbetrieb kann nicht mehr aufgenommen werden. Es gibt nichts mehr zu reparieren, es gibt keine wirklichen oder imaginären Schuldigen. Das Leben selbst, das Altwerden ist die Kränkung, und daran ist vorläufig, trotz Gentechnologie, nicht zu rütteln. Diesen Kampf haben bislang alle, Helden und Feiglinge, verloren.

*

Überleben

Canettis These vom Triumph der Überlebenden.

Ich hielt das, als ich es zum ersten Mal las, für maßlos übertrieben, wenn nicht für unglaubwürdig: daß dies, der Triumph des Überlebens, die Triebfeder allen Machtstrebens sei.

Für mich liegt keine Befriedigung im Überleben (das ist: das Sterben anderer), nicht das Gefühl einer Auszeichnung, eines Wertzuwachses, nicht das irgendeiner Ermächtigung. Das kann ich reinen Herzens behaupten. (Aber die Beobachtung der Reaktionen anderer hat mich über die Jahre argwöhnen lassen, daß er recht haben könnte, der Elias Canetti.) Vielleicht mangelt es mir an dieser Triebfeder, weil ich zu oft überlebt habe, mich selbst gewissermaßen. (Schon als Kind bin ich dreimal beinahe ertrunken.)

Als ich wider Erwarten meinen sechzigsten Geburtstag feierte, war ich froh, aber ich triumphierte nicht.

*

Reduktion I

Als ein Schlaganfall meinen Vater niederstreckte, lag er gelähmt ein Jahr im Krankenhaus. Sein Geist war unbeschädigt. Aber er konnte nur noch eine Hand bewegen. Meine Mutter wich nicht von seinem Krankenbett. Sie unterhielten sich oder hörten Musik. Morgens fuhr ich meine Mutter zu ihm, abends holte ich sie ab. Wenn ich verhindert war, fuhr sie mit der Straßenbahn. Dann geschah es oft, daß eine betreute Gruppe von

Kindern mit Down-Syndrom zur gleichen Zeit in ihr Abteil stieg. Sie schmierten ihr Bonbons ins Haar und kletterten auf ihren Schoß. Meine Mutter liebte diese Kinder. Ihre Unmittelbarkeit, die unverstellte Gegenwärtigkeit von Freude und Unlust. Eine bessere Gesellschaft, sagte sie, hätte sie sich nach der Last und der Angst des Tages nicht wünschen können.

Es gab nichts mehr zu sagen. Wenn ich sie abholte, übertönten wir im Auto Last und Angst durch das Absingen alter Schlager. »Wenn uns jemand hören könnte, was müßte er denken?« sagte meine Mutter. Aber wir wußten beide, daß unser Tun nicht schändlich war, daß die Verzweiflung sich solche Wege sucht.

Einmal, als wir mit Professor D., der meinen Vater (und auch mich) behandelte, im Fahrstuhl fuhren, sah er meine Mutter traurig an und fragte: »Ist das noch ein Leben?« – »Ja«, sagte meine Mutter, »das ist noch ein Leben.« – »Der Engel soll kommen«, sagte mein Vater, wenn sich sein Zustand verschlechterte, er meinte damit die Stationsärztin E. R., die später meine Freundin wurde.

Als mein Vater fand, daß es kein Leben mehr sei und auch ein Engel nicht mehr helfen könnte, starb er nach wenigen Tagen.

Reduktion II

Meine Freundin D. D. erzählt am Telephon von ihrer achtzigjährigen Tante, einer Italienerin, die in jüngeren Jahren sehr schön gewesen sei. Einst habe sie der Welt eine aktuelle Mode vorgeführt. Jetzt verbarrikadiere und reduziere sie sich immer mehr. Sie lebe im Wortsinn privat, gesondert, der Welt beraubt, von der Welt befreit, der Welt abhanden gekommen – wie man es sehen wolle. Sie habe in den letzten Jahren sukzessive alle Freunde und Bekannten vergrault, verlasse, obwohl noch gut zu Fuß, kaum je das Haus (nur für den Erwerb kleiner Fertiggerichte), auch die Nahrungsaufnahme habe sie stark eingeschränkt, sie mißtraue jedem und allem, und wo man hinschaue: Schlösser und Gitter.

Tagsüber sehe sie ein wenig fern (nur alte Serien) und löse Kreuzworträtsel. Um zwanzig Uhr gehe sie dann ins Bett, nicht ohne auch die Schlafzimmertür hinter sich zu verriegeln.

Die Besuche bei ihr seien anstrengend geworden. Sie gebe ihren Hausschlüssel nicht mehr aus der Hand. Wenn meine Freundin abends ausgehe, müsse sie wie ein Schulmädchen anmelden, wann sie heimkommen werde. Dann gebe es zwei Möglichkeiten, entweder die Tante sitze stocksteif auf einem Stuhl und warte den ganzen Abend auf das Klingeln an der Haustür, oder sie gehe ins Bett und stelle sich den Wecker auf die Zeit der prospektiven Rückkehr. Dessen Klingeln höre sie meist nicht. Dann habe meine Freundin ein Problem. Jede Störung, noch die kleinste, der gewohnten, selbstgeschaffenen Rituale und Ordnungen verstöre die Tante. Es genüge, daß die Besucherin sich eine Pfanne nehme, um sich ein Spiegelei zu braten, und schon gerate die alte Dame in Panik. Gespräche vertrage sie lediglich in kleinen Dosen. Mit der Außenwelt habe sie nur noch Kontakt in Form eines von ihr angezettelten Krieges. Weil sie sich vom Lärm der Nachbarn gestört wähne, fülle sie Wasser in kleine Joghurtbecher, stelle sie in den Tiefkühlschrank, warte, bis das Wasser gefroren sei, und bewerfe dann aus dem Fenster die Hausbewohner mit Eisbomben.

»Werden wir auch so werden?« frage ich und denke daran, daß ich oft an eine Schrotflinte denke. Keine Antwort. Ich nehme an, D. D. hat mit den Schultern gezuckt.

(Reduktionen geben der Angst und den schwarzen Phantasien sehr viel Raum.)

Mich interessiert das Moment der Inversion. Die Nachbarn

der alten Dame werden sich das auf Dauer nicht gefallen lassen. Dadurch, daß sie sich in wilder Panik gegen eine vermeintlich gefährliche Außenwelt wehrt, gerät sie wirklich in Gefahr, ihr gewohntes Leben aufgeben zu müssen. Das erinnert mich an eine Erzählung von Kafka: »Der Bau«.

*

Rettungstraum I

Als ich in meiner Jugend in zwei aufeinanderfolgenden Jahren jeweils drei Monate im Krankenhaus verbrachte, hatte ich, verteilt auf beide Aufenthalte, dreimal wiederkehrend genau denselben Action-Traum.

Mir träumte:

Ich liege nachts im Krankenhaus, und mir fallen plötzlich alle Zähne aus. Es gilt, sofort einen Zahnarzt aufzusuchen. Ich muß raus aus dem Krankenhaus, das sich ebenso plötzlich in ein Gefängnis verwandelt. Ich muß Schlösser knacken, Wärter überlisten, mich an zusammengeknoteten Bettlaken eine Außenwand hinunterhangeln, einem Suchscheinwerfer entgehen, eine hohe stacheldrahtgesäumte Mauer überwinden. Dann muß ich rennen, über ein Feld, durch einen Wald, in eine Stadt hinein. Außer Atem komme ich zu einem Zahnarzt. In einem gestreiften Pyjama sitze ich auf seinem Behandlungsstuhl. Er fragt nicht. Macht sich sofort ans Werk. Arbeitet fieberhaft. Der Schweiß seiner Stirn tropft auf meine Stirn. Er ist fertig. Ich habe wieder alle meine eigenen Zähne. Nun muß ich zurück. Rückweg und Einbruch in das Gefängnis/Krankenhaus sind genauso beschwerlich und gefährlich, wie es der Ausbruch und der Weg zum Zahnarzt waren. Wieder raus aus der Stadt, durch den Wald, übers Feld, über die Mauer, Suchscheinwerfer meiden, die Außenwand am Bettlaken hoch, Wärter überlisten, Schlösser knacken. Ich schaffe alles. Außer Atem gelange ich in das Krankenzimmer, werfe mich in das Bett.

In diesem Moment wachte ich jedesmal auf. Geweckt von einer Krankenschwester, die mir einen guten Morgen wünschte.

Rettungstraum II

Jetzt, 2005: Ich liege wieder im Krankenhaus. Ich muß dort einmal im Monat hin, immer für drei Tage. Seit der Zeit des Action-Traums sind sechsunddreißig Jahre vergangen. In der Zwischenzeit war ich häufig in Kliniken gewesen. Auch in ernsten Angelegenheiten. Auch für längere Zeit. Aber ich hatte nie geträumt. Jetzt tue ich es wieder:

Mir träumt:

Wieder bin ich im Krankenhaus. Ich liege in meinem Bett und höre ungewöhnliche Geräusche. Meine Bettnachbarin sagt, daß ein großer Maskenball vorbereitet wird. Ich verlasse das Zimmer. Das Krankenhaus hat sich in ein Schloß verwandelt: prächtiges Mobiliar, dicke Seidentapeten, schwere Samtportieren, große dunkle Gemälde im goldenen Rahmen. Alles funkelt. Das kommt von den unzähligen Lüstern und Kandelabern, die kerzenbestückt überall in den Räumen verteilt sind. In der Halle ist eine lange Tafel aufgebaut. Ich berühre mit den Fingerspitzen das feine Porzellan, das schwere Silberbesteck, die damastenen Tischtücher. Eine livrierte Dienerschaft eilt geschäftig hin und her. Ich glaube in dem einen oder anderen ein Mitglied des Pflegepersonals erkennen zu können, bin mir aber nicht sicher. Ich wundere mich ein wenig, jedoch nicht sehr. Ich gehe zurück in mein Krankenzimmer. Es hat sich nicht verändert bis auf ein Kostüm, ein elegantes Kleid aus roter Seide, das jetzt auf meinem Bett drapiert ist. Ich bin begeistert. Meine Bettnachbarin zieht sich schon um. Ich will gerade feststellen, welcher Epoche man mein Kostüm zuordnen könnte, als die Tür sehr vehement aufgestoßen wird. Herein gleitet wie auf Rollen die junge Ärztin, die mich behandelt. Auch sie ist kostümiert. Sie trägt ein prächtiges golddurchwirktes Brokatkleid, das an den Hüften weit auslädt. Sie sieht schön aus. An ihrem Dekolleté glitzern die Edelsteine eines gewaltigen Colliers. Auf ihrem Kopf befindet sich an Stelle eines Diadems ein Spiegel, wie ihn die Hals-Nasen-Ohren-Ärzte tragen. In der Hand hält sie einen Stab, an dessen Ende sich ein kleines Herz befindet, das pulsierend leuchtet. Sie weist mit dem Stab auf mich. Sie sagt, »Wenn Sie erraten, hinter welcher historischen Figur ich mich mit dieser Verkleidung verberge, kann ich Sie ganz gesund machen. Sie müssen jedoch gegebenenfalls heute Abend das Froschkostüm anziehen.« Jetzt sehe ich den häßlichen grünen Plastikschlauch, den sie in ihrer anderen Hand hält. »Also, wer bin ich?« fragt sie streng. Ich weiß es sofort. »Katharina die Zweite von Rußland!« rufe ich. »Richtig«, sagt sie, wirft mir lachend den Schlauch vor die Füße und rollt hinaus. Mist, denke ich mit einem letzten bedauernden Blick auf das rote Kleid. Aber es muß wohl sein. Auf dem Fest bin ich ein glücklicher gesunder Frosch inmitten der großen Tafel.

Aufgewacht, empfinde ich ein doppeltes Bedauern, als sei mir jetzt wirklich alles genommen. Ich erzähle der Ärztin meinen Traum. Wir lachen. (In allen Träumen kann ich hervorragend gehen.)

*

Liebevolle Legenden

Jetzt (März 2006) sitze ich mit meinem Freund W. Sch.-H., der mich hier in Berlin besucht, in einem Café. Wir schauen uns liebevoll an und überlegen, wie lange wir uns schon kennen. An die vierzig Jahre. Wir versichern uns gegenseitig, daß wir uns gut gehalten haben und nicht aussehen, wie man sich Leute unseres Alters gemeinhin vorstellt. Das ist nett von uns.

Das nützt uns aber nichts. Beide wissen wir, daß wir zwar nicht aussehen wie die Sechzigjährigen in unserer Jugend, daß wir aber aus der Perspektive der heutigen Jugend aussehen wie Sechzigjährige.

*

Die Pille

Immer das Gestöhne, die gepeinigt aufgerissenen Augen, das furchtsame Getuschel während des Unterrichts unter den Mädchen der Oberstufe – »... ich habe meine Tage nicht bekommen. Der Vater schlägt mich tot.« Dann meistens die Erleichterung ein oder zwei Tage später (meistens, denn ein Kind hatte im Bauch seiner Mutter schon ein paar Monate in der Oberprima verbracht). Da war viel Angst unter den Weibern. Adressen von dubiosen Helfern wurden gehandelt. (Darf man von dieser Angst der jungen Mädchen noch erzählen, jetzt, wo die Gebärunwilligen bevölkerungspolitisch auf der Anklagebank sitzen?)

Dann kam die Pille. Und mit ihr eine anhaltende Erleichterung. Ich erhielt sie ungewöhnlich früh, diese Pille, von einem Gynäkologen, zu dem ich eigentlich nur wegen Menstruationsbeschwerden gegangen war. Ich erinnere mich an den Neid der anderen und das Gefühl der Befreiung, als ich das Rezept in Händen hielt.

Als sich meine Eltern nicht mehr verbergen konnten, daß gelegentlich ein junger Mann meine Mansarde erst am Morgen verließ, fragte meine Mutter mich beim Mittagessen: »Nimmst du jenes Präparat, das dir der Gynäkologe verschrieb, auch einigermaßen regelmäßig?« Ich war so erstaunt, daß mir beinahe das Besteck aus den Händen gefallen wäre, denn das waren die ersten Worte meiner Eltern zu diesem Thema, die ich je vernahm (und es sollten auch die einzigen bleiben).

Zweierlei Angst

In den fünfziger Jahren und noch in die sechziger hinein war die Angst vor der ungewollten Schwangerschaft immer schon in eine erste grundsätzliche Sexualangst eingelagert. Sexualität an sich galt als schmutzig. Ein Werkzeug des Teufels. Noch bevor wir uns als Kinder unter der Unkeuschheit etwas vorstellen konnten, wurden wir in Schule und Öffentlichkeit zu Keuschheit verpflichtet. Schuldwarnungen wurden tief in uns hineingesenkt.

Colette

In meiner frühen Jugend schien mir Sexualität wie ein dunkles Geheimnis, umwölkt von diesem warnenden und drohenden Geraune. Aufregend. Zweifellos. Aber doch auch beklemmend. Die Befragungen der schon etwas Älteren und die Konsultation zugänglicher Lexika trugen zu einer allmählichen Versachlichung der zunächst ganz diffusen Vorstellungen bei. Im Gegensatz zu einigen Gleichaltrigen war mir bald klar, daß man von einem Kuß – auch von dem »Mit-Zunge-und-so« – nicht schwanger werden konnte. Aber die Kenntnis organischer Beschaffenheiten und lusttechnischer Möglichkeiten rührte nicht wahrhaft an das Geheimnis, eher schon die Lektüre sogenannter »Stellen« in schmuddeligen Büchern, die von Hand zu Hand gingen.

Als mir das ärztliche Rezept die zweite Angst nahm, hatte eine Literatur die erste längst schon vertrieben, bevor sie sich richtig in mir breitmachen konnte.

Wegen ihrer Arthrose suchte meine Mutter häufig Heilbäder auf. Einmal begleitete ich sie zu einem Kuraufenthalt, und da ich mich langweilte, ging ich in die einzige Buchhandlung am Ort und kaufte dort wahllos etliche Taschenbücher (diese kleinformatigen, preiswerten Druckwerke waren damals eine Neuheit), die in einem Ständer feilgeboten wurden.

Darunter befanden sich zufällig einige Romane einer Autorin namens Colette. Der Name sagte mir nichts. Ich bemerkte an meiner Mutter eine kleine Nachdenklichkeit, als ich damit auftauchte. Diese Romane waren zu diesem Zeitpunkt, und nur zu diesem Zeitpunkt (muß ich das betonen?), das Beste, was mir passieren konnte. Sie eröffneten mir eine freie Sicht auf das sexuelle Begehren, eine Sicht, losgelöst von jedweder Beklemmung. Sie signalisierte die Möglichkeit eines angstfreien Verhältnisses zur Sexualität, unverkrampft, etwas frivol für den Zeitgeschmack vielleicht, aber nicht angestrengt hemmungslos. Soweit ich mich erinnere, werden sexuelle Handlungen in diesen Romanen gar nicht extensiv bebildert (schon gar nicht im Ausmaß dessen, was Jugendliche heute zur Kenntnis nehmen). Aber als ich da in meinem Hotelzimmer saß und las, hatte ich das Gefühl, als würde die Atmosphäre selbst gelüftet. Als hätte jemand eine Tür im Zeitgeschehen geöffnet, die ich zuvor nie bemerkt hatte.

Die körperliche Liebe, so wie ich sie dort zwischen den Zeilen fand, war weder verpönt, noch stand sie demonstrativ im Zeichen des Verruchten – sie war selbstverständlich. (Ich glaube – auch hier kann ich nur vermuten –, es war die Beschreibung des erotischen Selbstvertrauens der Protagonistinnen, die mir damals so gut gefiel. Sie empfanden vielfältig, aber selbst dann, wenn sie von den genormten sexuellen Pfaden ein wenig abwichen, ganz offensichtlich nicht den Hauch einer Schuld.

Eine Freundin, der ich diese Variante des sexuellen Erwachens via Literatur vor einigen Jahren erzählte, meinte anmerken zu müssen, daß die Colette keine bedeutende Schriftstellerin gewesen sei. (Fiel nicht sogar das Wort Kitsch in dieser Unterhaltung?) Aber da ließ ich nichts aufkommen. »Für mich war sie bedeutend«, sagte ich. »Ich bin der Französin dankbar bis heute.« (Ich habe mir im Laufe meines Lebens immer mal wieder vorgenommen, einen erneuten Blick in diese Romane zu werfen, habe es aber wohlweislich unterlassen, ich möchte mir meine gute Meinung von der, die ich damals war, und von der damaligen Lektüre erhalten.)

Die sexuelle Revolution

Zu den von Wilhelm Reich inspirierten vermeidbaren Irrtümern der siebziger Jahre zählte die Annahme, daß ein Spießer, den man sexuell enthemmt, etwas anderes sein könnte als ein sexuell enthemmter Spießer.

So begrüßenswert der Aufstand gegen die vermufften lustfeindlichen Restriktionen der Adenauer-Zeit auch war – ich habe beim sexuellen Aktionismus nicht mitgemacht, nicht aus Tugendhaftigkeit. Ich wollte die Erinnerung an ungeliebte Leiber nicht in meinem Gedächtnis stapeln. Gemessen an der sexuellen Umtriebigkeit vieler meiner Zeitgenossen, habe ich dosiert und jetzt aufs Alter nicht das Gefühl, etwas versäumt zu haben.

Ich habe hingegen das Gefühl, niemals so bedingungslos

geliebt zu haben wie seit der Zeit, da das Wort Geschlecht für mich (um einen Kalauer der Queen Viktoria zu bemühen) nurmehr grammatische Bedeutung hat.

*

Und dann
Was lenkte, als das Altern noch ein Spaß war? Passion und Zufall.

Immer muß man sich orientieren. In einer unbekannten Wohnung, in einer unbekannten Stadt, in einem unbekannten Land, neuerdings in unbekannten virtuellen Gegenden. Schon das Kind strebt nach ersten Anhaltspunkten für die Orientierung in einer für es noch weitgehend unbekannten Welt. Das hört nie auf. Ich erinnere mich, daß mich der Wunsch nach verläßlichen Orientierungen in meinen Pubertätsjahren richtiggehend bedrängte. Ich erinnere mich tatsächlich an das Gefühl, herauszuwollen aus dem ganzen fiebrigen pubertären Geschwurbel. Das heißt, ich suchte zu dieser Zeit mehr oder weniger bewußt nach einem erhöhten Ort des Überblicks, einem festen Ort der Sicherung, von dem aus ich meine affektiven und intellektuellen Bezugsnetze hätte auswerfen können. Es war der Wunsch (das hätte ich damals sicher anders ausgedrückt), in die chaotische Mannigfaltigkeit der mich verwirrenden Erscheinungen eine Ordnung zu bringen. Ich wollte einen geistigen Halt finden. Ich wollte den gewaltigen Energien meines Gefühlslebens eine Richtung geben. Mit einem Wort, ich wies eine erhöhte Bereitschaft auf, mich zu entzünden.

Zu dieser Zeit ging ich mit meinem Onkel ins Theater. Das war nichts Besonderes, ich war zuvor schon oft und gern im Theater gewesen.

Diesmal aber war alles anders. Wir waren zufällig in Hamburg. Zufällig hatten wir Karten erhalten für das Deutsche Schauspielhaus. Zufällig gab man an diesem Abend den Faust mit Gustaf Gründgens. (Ich glaube, den zweiten Teil). Ich verstand nicht sehr viel von dem, was da auf der Bühne vor sich ging, aber ich wußte augenblicklich, ich hatte meinen Ort gefunden. Ich war fasziniert. Ich war bereit, auf die Knie zu sinken. Ich fand, daß mein Onkel auf dem Sitz neben mir zu laut atmete. (Es war der Mime. Sein etwas manieriertes, dabei aber präzises, auch intelligentes Spiel. Ich kann aus der großen Zeitentfernung nur spekulieren, was genau mich befiel.)

Jetzt lag meine Zukunft klar vor mir. Ich würde zur Bühne gehen. Alles andere tauchte ich in die Schwärze der Bedeutungslosigkeit. Ich war bereit, alles, wirklich alles, diesem Interesse und dieser Leidenschaft zu opfern. (Wie gefährlich dieses Alter doch ist.)

Da ich annehmen konnte, daß mir meine Eltern nicht erlauben würden, mich auf der Stelle dem fahrenden Volk anzuschließen, häufte ich zunächst sinnloses Wissen an. Bald schon wußte ich, wer die jugendliche Naive in Düsseldorf, den schweren Helden in München, die komische Alte in Mannheim verkörperte. Wieder etwas älter geworden, ging ich ins Theater wo immer ich war, wann immer ich konnte. Ich las Theaterstücke, abonnierte die einschlägigen Periodika und nahm Ballettunterricht. Ich schmuggelte mich in die Statisterie der Städtischen Bühnen.

Ich war noch Schülerin (ich schätze mal, sechzehn oder siebzehn Jahre alt), als ich von einer renommierten Studentenbühne am Ort hörte. Dort ging ich hin. Man nahm mich auf. Jeden Dienstag- und Donnerstagnachmittag um sechzehn Uhr ließ das gesamte studentische Ensemble die Textbücher fallen und wanderte ab in einen Hörsaal. Ich folgte ihnen aus Neugier, und so geriet ich zufällig in die Vorlesung eines Philosophen. (Ein riesiger Hörsaal, dicht besetzt, über dem eine Erregung lag.) Und wieder verstand ich nicht viel (außer »und« und »aber« eigentlich gar nichts) von dem, was der Professor Adorno meist auf und ab gehend da vorne vortrug. Und wieder war ich fasziniert. Wer so zu formulieren und mir die Lust des Denkens nahezubringen vermag, ohne daß ich das Gedachte verstehen kann, so dachte ich, würde mir helfen bei der Orientierung, er würde mir die Welt ganz neu erschließen. Hier war er, mein hoher, fester Ort, dachte ich. Ich folgte dem Rhythmus, den Klängen der Vorlesung und beschloß, in den Veranstaltungen dieses Künstlerphilosophen sitzen zu bleiben, bis ich alles begriff. Das tat ich dann auch. Und lernte, daß es die festen Orte nicht gibt, daß es mit der Suche nach Orientierungen nie ein Ende hat, daß sie das ist, was uns lebendig hält.

Und dann?

Und dann?

Und dann kam irgendwann der nächste Zufall, die Blutgrätsche der Krankheit. Sie lehrte mich zu fallen, sorgte dafür, daß ich mich auf dem Gang des Alterns nicht mehr in dem Maße den Zufällen und den Passionen überlassen konnte, wie ich vielleicht gewollt hätte.

*

Eine Dame ist neugierig
»Und wie ging es weiter?«

»Eingeschränkter. Etwas langweiliger. Bedenken Sie, ich war schon leicht angeschlagen. Irgendwann – ich überspringe hier einige Phasen, wenn Sie erlauben – schien es mir ratsam, eine

Nische zu suchen. Ich würde eine körperlich unstrapaziöse geregelte Arbeit finden müssen, die ich können könnte. Ein Einkommen würde sein müssen, Geld für Wohnung, Essen, Kleidung, für all das, was dem Leben einen Sockel gibt.«

»Haben Sie diese Nische gefunden?«

»Ja, ich ging in Deckung an der Universität. Das liberale literaturwissenschaftliche Institut, an dem ich nach einem Fächerwechsel studiert hatte, stellte mich mit Fürsprache des Präsidenten H. K. als Mitarbeiterin ein. Dort wurde ich freundlich behandelt. Man ließ mich meinen inferioren Status nicht fühlen. Ich engagierte mich (brav, wie ich noch heute finde) auch in institutionellen Angelegenheiten, die mich nicht sonderlich interessierten. Ich fühlte mich wohl, weil ich in der Lehre machen konnte, was ich für richtig und wichtig hielt. Und ich gewann einige Freunde.«

»Blieb es beim inferioren Status?«

»Ja sicher doch, und es machte mir wunderlicherweise (sieht man mal vom Finanziellen ab) nicht viel aus. Karriere würde nicht stattfinden können, da hatte ich keine Illusionen, von vornherein nicht. Wußten Sie, daß man mit einer chronischen Krankheit nicht verbeamtet werden darf? – Übrigens, ab einem bestimmten Alter auch nicht mehr.«

»Warum sind Sie nicht ins Ausland gegangen?«

»Angeboten aus dem Ausland, die ich erhielt, nachdem ich mit einem Buch ein wenig Erfolg hatte, konnte ich nicht folgen, weil sich zu dieser Zeit schon abzeichnete, daß ich bei der Bewältigung meiner Alltage zunehmend auf das Netz von helfenden Freunden angewiesen sein würde. Außerdem konnte ich meiner betagten Mutter, die ihrerseits fortschreitend (vor allem in den Tagen ihrer langen Krankheit) von mir abhängig wurde, einen Ortswechsel nicht mehr zumuten. Die Räume wurden von Jahr zu Jahr enger.«

»Hat Sie das verbittert?«

»Überhaupt nicht. Ich habe sehr gern unterrichtet. Zudem, es gab ja auch Gutes im Schlechten. Ich konnte mich aus der allgegenwärtigen Aufstiegsstrampelei heraushalten. Ich konnte Beobachterin sein. Ich werde irgendwo dazugehören und doch nie ganz, so dachte ich schon zu Beginn meiner Tätigkeit. Ich konnte mir die Dinge von außen und innen zugleich ansehen. Das war gelegentlich sehr amüsant. Über die Mentalitäten, die die akademische Welt generiert, könnte ich einen Roman schreiben. Haben Sie einmal zugehört, wenn zwei deutsche Professoren einander imponieren wollen?«

»Wie sehen Sie die Zeit im Rückblick?«

»Es war gut, als es war und wie es war. Und es war auch gut, als es zu Ende war.«

*

Feminismus

»Bist du eine Feministin?« werde ich von einer jungen Frau in einem Comme-des-Garçons-Kostüm gefragt, die mich unaufgefordert duzt. »Ja, bin ich.« Sie schaut mich verwundert an, wohl wegen der uneingeschränkten Bejahung. Das ist nicht mehr zeitgemäß. Ich füge hinzu, daß ich das für eine Frage der Intelligenz halte. Sie ignoriert meine kleine Provokation, scheint aber doch ein bißchen böse zu sein (sie würde sagen: angefressen). Ich weiß nicht, ob es an meiner Antwort liegt oder daran, daß ich sie unbeirrt sieze. Sie sei doch etwas verwundert, sagt sie jetzt, denn sie habe gehört, daß ich damals (dieses »damals«, so wie sie es sagt, rückt mich augenblicklich in ein Historiengemälde) wegen meiner lackierten Fingernägel, meiner High Heels und meines Fremdwortgebrauchs die

Aggression so mancher Fundamentalfeministin auf mich gezogen hätte. Ob mich das nicht vom Feministischen in toto kuriert habe. »Peanuts«, sage ich.

Die auf Sprache und Mode gerichteten Purgatorien von Studenten- und Frauenbewegung habe ich gezielt umgangen. Kampfparka und Latzhose waren meine Sache nicht. Ideologische Kleiderordnungen haben mich nie tangiert. Und auch das Oktroy der jeweiligen Sprachordnungen nicht. Ich glaube, jede Bewegung gebiert – unabhängig von der Frage ihrer Berechtigung – im Zuge ihrer Popularisierung die Karikaturen ihrer selbst.

Den Feminismus bin ich mir schuldig. Als Kind empörten mich die Einschränkungen des Mädchenseins (die meine Eltern mir nicht aufnötigten). Ich kletterte auf Bäume und Pferde und lehnte es strikt ab, Puppenröckchen zu häkeln. Später, viel später, fand ich durch den Autor Th. M., der ein Freund ist, ein Wort für das, was ich einst war: ein »Tomboy«.

Ich war schätzungsweise sieben oder acht Jahre alt, als jemand den gehaßten Spruch in mein von mir auch nicht sehr geschätztes Poesiealbum schrieb:

»Wandele stets auf Rosen und auf der grünen Au. Bis einer kommt in Hosen und nimmt dich fort als Frau.«

Das wollte ich alles nicht, nicht wandeln, nicht auf Rosen, nicht auf der grünen Au, und Hosen wollte ich selber anhaben, wann immer mir danach war, oder auch nicht.

(Zur Zeit des Abiturs trug ich fast ausschließlich enge Röcke in italienischer Länge, ich weiß aber noch, daß ich damals dachte, ich könne mir das Problem einer Berufswahl ersparen durch die Beantwortung der Frage, ob ich bei der zukünftigen Tätigkeit würde Hosen tragen dürfen. Dieses Kriterium erledigte damals alle seriösen Berufe, es wies deutlich in ein Außenseiterdasein.)

Ich weiß nicht mehr, ob ich während meiner Kindheit wirklich lieber ein Junge hätte sein mögen, ich weiß aber, daß ich mir die Welt abenteuerlich erobern und nicht etwa brav in einem Zimmer – nicht einmal in einem für mich allein – sitzen und auf einen warten wollte.

Etwas älter geworden, erbitterte mich eine gymnasiale Biologielehrerin mit der Behauptung, daß mir geschlechtsbedingt nur reduzierte Befähigungen zukämen (ich vermute, sie hatte in ihrer Jugend das Buch eines seinerzeit anerkannten Mediziners über den »physiologischen Schwachsinn des Weibes« gelesen). Schon damals, lange bevor Begriffe wie Feminismus in mein Vokabular kamen, stand für mich fest, daß ich mich wehren würde. In den Filmen dieser Zeit waren Suffragetten komische alte Weiber, die moralinsauer gegen jeden Spaß ihre Schirme zum Einsatz brachten, und Blaustrümpfe waren arme Mädchen, die keinen Fortführer abkriegten. Schon damals ließ ich mich durch Karikaturen nicht beirren. Ich versprach mir, etwas in meiner Kraft Stehendes in dieser Sache zu unternehmen. Das habe ich gehalten.

In einer Werbekampagne für das Land, in dem ich aufwuchs und noch gerne lebe, werde ich direkt angesprochen: »Du bist Deutschland«, sagt jemand, den ich nicht kenne, zu mir. Wieso werde ich schon wieder geduzt? Und was ist das für eine Behauptung? Stimmte sie – das arme Land!

*

»Kein Anschluß unter dieser Nummer ...«
Ist jemandem aufgefallen, wie beleidigt diese Frauenstimme klingt, wenn man eine Nummer gewählt hat, die nicht mehr existiert?

Weihnachten 2004. Das kleine altmodische Büchlein, in dem alle für mich wichtigen Adressen und Telephonnummern stehen und das ich seit ungefähr zehn Jahren immer in meiner Handtasche mit mir herumschleppe, ist unansehnlich geworden, einige Blätter haben sich schon gelöst. Meine Freundin V. A. hat mir ein neues geschenkt. Sehr schön. Es ist in rotem Leder gebunden. Ich fürchte mich vor der handschriftlichen Übertragung, die jetzt ansteht. Es kostet mich Überwindung, die Telephonnummern der in den letzten zehn Jahren Gestorbenen nicht mehr aufzunehmen. Sie aktuell für den zukünftigen Gebrauch wieder einzutragen, scheint mir aber absurd – schließlich ist es genau das, was die Gestorbenen nicht mehr haben: eine Zukunft.

Wie machen das Leute, die diese Daten im Adreßspeicher ihres Computers oder Mobiltelephons katalogisieren und sich deshalb diese Übertragungsmühe ersparen können? Drücken sie einfach hin und wieder auf die Löschtaste?

*

Gehen
Meine Mutter vertrat die Ansicht, daß man seinen Kindern leichte Schuhe kaufen müsse, damit sie einen schönen Gang bekämen.

Erst nach ihrem Tod erfuhr ich von einem Onkel, dem einzigen ihrer Brüder, der zu dieser Zeit noch lebte, daß ihr Vater, also mein Großvater, an der gleichen Krankheit mit dem üblen Kürzel gelitten hatte, die auch mich fand. Er sei früh daran gestorben. Er sei ein schöner, eitler Mann gewesen, der, als er nicht mehr hatte »ordentlich gehen« können, das Haus nicht mehr verlassen habe.

»Ordentlich gehen« – das Problem kenne ich. Einst, als die Unordnung in meinen Gang kam, legte ich fanatisch Übungsstunden vor dem Spiegel ein, erfand kompensatorische Techniken, um meine Schwäche zu verheimlichen und wieder in die Gnade eines ordnungsgemäßen Ganges zu kommen. Hätte ich in gesundem Zustand diesen Aufwand für die Einübung irgendeiner Akrobatik betrieben, ich hätte im Zirkus auftreten können. Ich aber wollte nur die manierliche Normalität. Diesen Übungsaufwand hielt ich geheim. Ich wollte keinen Applaus, den erhält man auch nicht fürs normale Gehen. Aber als ich einmal vor meiner Freundin S. Sch. eine Treppe hinunterging und sie sagte: »du hast noch immer einen eleganten Gang«, da brach die Erschöpfung all meiner Übungsstunden in mir durch, und ich hätte fast geweint vor Freude.

Etliche Jahre älter geworden, kam ich an eine Grenze, an Eleganz war nicht mehr zu denken, nicht einmal mehr an ein ordentliches Gehen. Nicht gut, aber ich konnte mir wenigstens sagen, daß ich bis dahin das mir mögliche getan hatte. Als das Üben nicht mehr in die Normalität half, fügte ich mich, legte ich mir eine Sammlung schöner alter Stöcke zu, setzte mich für die längeren Strecken in den Rollstuhl, und ich fing an, systematisch und nicht ohne Bosheit zu beobachten, wie die Leute durch die Räume und über die Plätze kommen: das ist ein erstaunliches Geschlurfe, Gehadsche und Getrample – ganz ohne Not, in den meisten Fällen. Die neidische Behinderte kann es kaum fassen, mit welcher Unachtsamkeit sich die Leute vorwärtsbewegen: Es gibt die latschenden, die schrittgehemmten, die unkoordinierten, die hampeligen, die zu weit ausgreifenden, die zu enggeführten, die trippelnden, die schaukelnden, die stapfenden und stampfenden, die breitbeinigen, aber es gibt auch die leichtfüßigen, die unbekümmerten und die zierlichen Geher; es gibt Frauen, die den schweren Schwangerschaftsgang nach der Geburt ihrer Kinder nie wieder ablegen, ältere Männer, die sich einen etwas zu dynamischen Gang abfordern, und die Komiker unter den Gehern, die – wie ich vermute – eine pubertäre Verklemmung offensiv in eine skurrile Gangästhetik umformten. Am besten gefallen mir alte Damen, in deren anmutigem Gang ich noch das junge Mädchen erkennen kann, das sie einmal waren.

*

Bestrafungen

»Heute wird schon deutlich, daß ein erheblicher Teil der Unruhe zwischen Kinderlosen und Eltern schwelen wird; es wird zu Solidarisierungen der einen Fraktion gegen die andere kommen, die Fraktion der Ernährer gegen die Fraktion der Egoisten.« (Frank Schirrmacher)

Einst, als ich sehr jung eine sehr böse Diagnose erhielt, war sie gekoppelt an ein Verbot, das der berühmte Professor D., am Fußende meines Klinikbettes stehend, aussprach: das Verbot, Kinder zu gebären. Heute sieht man das ärztlicherseits nicht mehr so eng. (So werden Lebensgeschichten auch durch den Wechsel wissenschaftlicher Lehrmeinungen gesteuert.) Ich hatte die Frage, ob ich einmal Kinder haben würde, zu diesem Zeitpunkt nicht entschieden, konnte es mir aber durchaus vorstellen. Jetzt war sie entschieden. Ganz unabhängig vom ärztlichen Verbot, schien es mir nicht ratsam, mit einer solchen Krankheit behaftet, Kinder in die

Welt zu setzen. Ich beschloß, mich da in nichts hineinzusteigern.

Hätte ich mir die Verbitterung über dieses Verbot nicht verboten (hätte ich lebenslang an der Ungerechtigkeit des Schicksals gelitten), käme sie jetzt vielleicht doch noch über mich, in Erwägung der Tatsache, daß ich mich auf meine alten Tage in unruhiger Zeit unversehens in der »Fraktion der Egoisten« wiederfinde.

(Von den Bestrafungen bei der Renten- und Steuerberechnung gar nicht zu reden.) Hätte ich mir die Verbitterung nicht verboten, ich müßte in diesem Verlauf eine doppelte Ungerechtigkeit, eine mehrfache Bestrafung sehen.

(Über den Konjunktiv in dieser Notiz muß ich noch mal nachdenken.)

(Kinder hätte ich ins Land gesetzt, wenn ich sie hätte bekommen dürfen, aus Liebe zu Kindern, nicht aus Liebe zu meinem Land.)

*

Als die Sonne ihre Unschuld verlor

Als Kinder hatten wir oft Sonnenbrand. Das fanden wir lustig. Wir pellten die Haut ab und lachten uns gegenseitig aus. Auch unsere Eltern lachten mit. Die Menschheit wußte noch nichts von den Gefahren, die damit verbunden sein können. Als die Jahre ins Land gegangen waren und die Menschheit dafür gesorgt hatte, daß die Ozonschicht dünner geworden war, begann das große Eincremen. Daß die Sonne einmal als etwas wirklich Gefährliches angesehen werden würde, das hätte ich in meiner Jugend nicht gedacht.

Frau W.

Frau W. war unsere Putzfrau (so durfte man in den fünfziger Jahren noch sagen). Frau W. sprach gebrochen deutsch. Als ich meine Mutter einmal nach der Herkunft von Frau W. fragte, sagte sie, daß Frau W., soweit sie deren undeutlichen Erklärungen habe folgen können, aus einem Grenzgebiet zu Polen stamme. Zu dieser Zeit wohnte Frau W. in Bonames. Das ist ein Vorort von Frankfurt. Ich stellte ihn mir immer vor wie ein kleines polnisches Dorf. (Welche Idee von einem polnischen Dorf konnte ich in diesem Alter haben? Erst vierzig Jahre später fuhr ich dort hin, zu meiner Freundin V. A., die dort ein schönes Haus mit einem prachtvollen Garten besaß.)

Frau W. hatte rätselhafte Angewohnheiten. Sie duzte meine Eltern, aber siezte mich (ich war ein zehnjähriger Dreckspatz) und sprach mich mit »Fräulein Lydia« an. Wenn mein Vater mit schwerer Aktentasche nach Hause kam, sagte sie: »Direktorchen, du mußt auch viel arbeiten, wie so Adenauer«, manchmal modifizierte sie in: »wie so Pferd«. Frau W. liebte das große Porträt meiner Mutter, ein Ölgemälde, das mein Vater in den dreißiger Jahren bei dem Maler Willy Damian in Auftrag gegeben hatte. Meine Mutter mochte dieses Bild nicht, duldete es aber, um meinen Vater nicht zu kränken. Es zeigt sie in jugendlichem Alter, in einem Abendkleid aus grauer Seide, einem dunkelroten Samtmantel mit üppigem Pelzkragen, großem Dekolleté und einem Zahnpastareklamelächeln. Meine Mutter hatte es in einer dunklen Ecke des elterlichen Schlafzimmers placiert. Wenn die Tür ein wenig aufstand, sah man es gar nicht. Die Tür stand immer ein wenig auf. Als Frau W. wieder einmal auf den Besen gestützt ergriffen das Bild betrachtete, sagte sie zu meiner damals vierundfünfzigjährigen Mutter: »Da kannste mal sehn, was aus Mensch wird.« Meine Mutter nahm es heiter.

Als das Bild nach dem Tod meiner Mutter zu mir kam, sagte meine Freundin S. Sch. (Malerin): »Jetzt mußt du dir überlegen, was die Pietät hier gebietet, es aufzuhängen oder in den Keller zu stellen.«

*

Opfer zweiter Güte

Als kurze Zeit nach dem 11. September in New York erneut ein Flugzeug in ein Hochhaus flog, beteuerten die Nachrichtensprecher mit Erleichterung in der Stimme, daß es sich diesmal nicht um einen Terroranschlag, sondern »nur« um einen Unfall gehandelt habe.

Ich überlege, wie ich diese Erleichterung und dieses »nur« empfände, wenn sich ein von mir geliebter Mensch unter den Toten dieses Unfalls befunden hätte.

*

Initiation

Mein Vater war ein Wagner-Fan. (Diese Bezeichnung hätte ihm nicht gefallen). Als ich (wie er vermutlich vermutete) die nötige Reife aufwies – ich war schätzungsweise vierzehn Jahre alt –, verkündete er mir, daß er mich mitnehmen wolle zu den Festspielen nach Bayreuth. Um das Unternehmen für mich zusätzlich attraktiv zu machen (er mißtraute meiner Reife wohl doch etwas), versprach er mir – das war exorbitant in dieser Zeit! –, daß wir die An- und Abreise (Frankfurt–Nürnberg) mit dem Flugzeug absolvieren würden.

Die Sache fing gut an. Ich stieg angstlos und begeistert, ausgestattet mit einem neuen festlichen Kleid, in das Flugzeug, eine kleine Propellermaschine. Ich fühlte mich königlich. Als wir in den Himmel stiegen und die adrette Stewardeß, eine Göttin dieser Jahre, sich zu mir herunterbeugte und nach meinen Wünschen fragte, bestellte ich mir weltmännisch einen Orangensaft. Das weiß ich noch. Als das erste Luftloch kam, war Schluß mit weltmännisch. Ich kotzte. Ich kotzte in hohem Bogen. Die Übelkeit hatte mich so überrascht, daß für die Beschaffung einer Tüte keine Zeit gewesen war. Ich kotzte den Anzug meines Vaters und mein neues Kleid voll. Ich glaube, ich kotzte ununterbrochen viele Luftlöcher hindurch bis zur Landung in Nürnberg. Dort wurde ich in ein Hotel verbracht. Ein Arzt mußte kommen. Erst zwei Tage später, das hieß auch zwei Aufführungen später, kamen wir in Bayreuth an. Die weiteren mehrstündigen Darbietungen überstand ich matt im Nebel einer langsam nachlassenden Übelkeit auf hartem Gestühl. Als wir mit dem Zug zurück nach Frankfurt fuhren, schauten wir aus dem Fenster. Als wir mit hängenden Köpfen nach Hause kamen und von meiner Mutter begrüßt und befragt wurden, äußerten wir uns unbestimmt. Als meine Mutter das nur notdürftig gereinigte Kleid auspackte, sagte sie: »Aber auch der ganze Ring gleich.«

Nachdem (nicht weil) mein Entree in die Hochkultur so desaströs verlaufen war, wandte ich mich der populären Kultur zu. Ich wurde Elvis-Fan.

Andere Klänge, andere Namen durchdrangen jetzt das Musikgeschehen in unserem Haus: Elvis Presley vorrangig, aber auch an Namen wie Fats Domino und Bill Haley kann ich mich noch erinnern. Mein Vater litt. Meine Mutter mochte »meine Musik« auch nicht, konzedierte aber, daß die Stimme von Elvis gar nicht so übel sei. Mein Onkel ergriff die Flucht.

(Welch große Wirkung man doch in dieser Zeit mit ein bißchen Musik erzielen konnte.)

*

Selektionen
Wahrscheinlich hat der ablaufende Mensch keine zukünftigen Möglichkeiten.

Alte bekommen keine Kredite bei den Banken, auch dann nicht, wenn sie die nötigen Sicherheiten bieten. Na klar, wenn das Leben des alten Menschen nach statistischer Wahrscheinlichkeit noch vor Ablauf der Rückzahlung abläuft, hat man wahrscheinlich den Ärger mit den möglicherweise klammen und sich sehr wahrscheinlich um das Vermögen streitenden Erben.

Das macht mich zornig, wenn meine achtundachtzigjährige Freundin F. G. bei der Erwägung einer Anschaffung, beispielsweise der eines Sommerkleides, sagt: »Das lohnt sich doch in meinem Alter gar nicht mehr.« – »Der Lohn ist immer nur die aktuelle Freude daran«, sage ich etwas zu weise. Ja, im privaten Haushalt darf man noch so denken, aber in den öffentlichen Debatten um die öffentlichen Haushalte hört man schrillere Töne.

Bis zu welchem Alter sollten/dürfen Alte noch ein künstliches Hüftgelenk, einen Zahnersatz, einen Herzschrittmacher erhalten? Muß man da nicht zukünftig selektieren?

Soll man sie noch an die teure Dialyse bringen? (Auch der Laie weiß, daß die Verweigerung dieser Behandlung einem Todesurteil gleichkommt.) »Diese Selektion ist Rampe«, sagt ein sympathischer Arzt im Fernsehen.

Ein unsympathischer katholischer Moraltheologe hingegen, er geriert sich besonders tabubrecherisch (muß mich das wundern?), fordert zu einem Umdenken in Fragen der Selektionen auf. (Mit einer gewissen Genugtuung glaube ich an ihm die Symptome eines gefährlichen Bluthochdrucks erkennen zu können.) Und ein hochrangiger Wissenschaftspolitiker untermauert: Solche selektiven Entscheidungen, die für die einen das Leben, für die anderen den Tod bedeuteten, seien nichts Besonderes, schließlich müßten sie in der Herztransplantationschirurgie fortwährend gefällt werden. Das ist eine wirklich schweinische Argumentation. Er setzt sie gleich: die objektiv grausame Entscheidung, beruhend auf dem Mangel an Spenderherzen (dem Mangel an Toten, denen sie legal entnommen werden können), und die Entscheidung, die allein unter dem Gesichtspunkt der Geldverteilung getroffen wird, die aber die gleiche tödliche Folgenschwere mit sich führt. »Weil du arm bist, mußt du früher sterben«, dieser Spruch schien einmal gestorben, jetzt hat er sich doch wieder erholt.

*

Die Jahre der Tüchtigkeit

In einer televisionären Diskussionsrunde zum Thema Altern sagte der Schauspieler Peter Ustinov vor einigen Jahren (ich gebe das Gesagte ungenau aus dem Gedächtnis wieder), daß ihn lebenslang nur die ganz jungen und die alten Menschen interessiert hätten, nicht so sehr gemocht habe er die mittleren Generationen, die immer Beschäftigten, die stets Strebsamen, die allzeit Tüchtigen. (Das ist natürlich ungerecht, er wird es gewußt haben. Was bleibt denen, die heute das Glück haben, einer Berufstätigkeit nachgehen zu können, denn anderes übrig, als diese Eigenschaften an den Tag zu legen?)

Ich denke jetzt an diese Äußerung, weil mir auffällt, daß

mich im Rückblick auf mich, auf die Altersstufen der Person, die ich nach meinem Erinnerungsdiktat einmal gewesen sein soll, auch deren/meine Kindheit und Jugend und deren/meine heutige Altersbefindlichkeit mehr interessieren als die Jahre meiner/ihrer beruflichen Tüchtigkeit.

»Jetzt geht's der Dolly gut ...«

Für uns, die Menschen meiner Generation, wies das Jahrhundert, in dessen Mitte wir hineingeboren wurden, eine deutliche Zäsur auf. Die Zeit in unserem Rücken war im wesentlichen Katastrophe. Vorgeburtlich lasteten Krieg, Leid und Mord auf der Geschichte. Der Ereignisraum von dreizehn Jahren, der uns, sobald wir denken konnten, beschäftigten mußte, hatte das Kontinuum des Zeitlaufs gleichsam gesprengt, hatte einen Abgrund in die Zeit gesenkt. Eine denkwürdige Dehnung gezeitigt. Die Zeit vor dem Abgrund schien mnestisch entrückt.

In meiner Kindheit, als ich von historischen Katastrophen noch nichts wußte, führte ein fragiler Steg zeitweilig über den Abgrund hinweg. Das lag daran, daß meine Eltern, die mich erst in die Welt gesetzt hatten, als sie älter geworden waren, nicht nur ihre Kindheit – wie die meisten Eltern meiner Spielgefährten –, sondern auch ihre gesamte Jugend vor der Zeit des Nationalsozialismus verbracht hatten. (Wenn sie vom Krieg sprachen – was sie ganz selten taten –, konnte auch immer der Erste Weltkrieg gemeint sein.) Die sporadischen Brückenschläge in die entrückte Vorkriegszeit führten meist auf Gebiete der Trivialkultur, dann, wenn meine Mutter, während sie kochte, Fritzi Massary mit einem Operettenklang oder Blandine Ebinger mit einem Couplet imitierte, wenn sie mir, während sie spülte, von den Schauspielerinnen ihrer frühen Jugend erzählte, von Lya de Putti, Jenny Jugo, Pola Negri und allen voran von Elisabeth Bergner, wenn sie, während sie abtrocknete, von ihren Filmerlebnissen mit Dr. Mabuse und Dr. Caligari berichtete.

Ich hatte alterseinsame Kenntnisse in meiner Kindheit. Merkwürdig, daß diese Gesänge und Erzählungen bis heute die Jahrhundertbruchstücke in meinem Bewußtsein absurd verklammern.

Scham (stellvertretend)

Die Gespräche der Eltern. Wenn im Ton der Bedeutsamkeit etwas über fremde Menschen gesagt wurde, spitzte ich in meine Kinderohren. Einige Namen wiederholten sich: Astrid Varnay, die Tebaldi, Wolfgang Windgassen, Martha Mödl, die Callas, Leonie Rysanek, Lauritz Melchior. Diese Namen waren mir bald geläufig. Eine Zeitlang dachte ich, daß dies ganz mächtige Leute seien, daß sie es seien, mit und ohne Vornamen, die die Welt regierten.

Nach dem Abendessen hörten meine Eltern Musik, fast jeden Tag. Ich sehe sie vor mir, meine Mutter auf dem Sofa, die Beine hochgelegt, den Hund zu Füßen. Mein Vater am Schreibtisch, die aufgeschlagene Partitur vor Augen.

Meine Mutter war Sängerin. Klingt gut, stimmt aber nur halb. Tatsächlich hatte sie in ihrer Jugend eine Gesangsausbildung erhalten, dann aber nach wenigen halböffentlichen Auftritten zu Beginn der Ehe die Sache nicht weiter verfolgt. Von mir später befragt, sagte sie: »Ich hatte nicht das nötige Durchsetzungsvermögen für diesen Beruf.« Leute, die es beurteilen konnten, erzählten mir, sie habe einst über einen schönen lyrischen Sopran verfügt. Sie erzählten mir auch, daß ich als kleines Kind in eine rasende Wut geraten sei, wenn sie in Anwesenheit Fremder eine Opernarie gesungen habe. Ich habe ihr, befand ich mich auf ihrem Arm, mit aller Kraft auf die Brust geschlagen, um der Singerei ein Ende zu machen. Das habe die Erwachsenen erheitert. Was mag die kleine Spießerin dazu veranlaßt haben? Ich ahne es. Es war die künstliche Exaltation und die erotisch eingefärbte flutende Emotionalität, die in solchen Musiken zum Ausdruck kommt und die in verwirrendem Kontrast zur bürgerlichen Verläßlichkeit meiner Mutter stand. Ich vertraue dieser Ahnung, weil mich die stellvertretende Peinlichkeit auch einige Jahre später in fortgeschrittenen Kinder- und Jugendjahren immer wieder befiel. Wenn ich, etwas älter geworden, mit meinen Eltern die Schauspielhäuser besuchte, hatte ich das Gefühl, daß *ich* mich durchaus am richtigen Ort befand, nicht aber meine Eltern. Wie konnten sie, die mich doch zur Wahrheit anhielten, dem mich begeisternden Lügenwerk auf der Bühne applaudieren? Wie konnten sie, die nie über Sexualität sprachen, über die eindeutig zweideutigen Dialoge lachen? Mir selbst war nicht zu trauen, das wußte ich früh, ich würde wohl dereinst an solchen Orten der Lügen und Zweideutigkeiten landen, aber meine Eltern hatten auf ihre Ehrbarkeit zu achten.

(Georg Simmel hat, wenn mich die Erinnerung nicht täuscht, klug über diese Stellvertreterscham geschrieben.)

*

Grammatik

Das ist bekannt: eine ältere Frau ist jünger als eine alte Frau. Wie groß muß doch die Angst vor dem Alter sein, daß sie sogar die Grammatik vergewaltigt.

*

Saisoneröffnung

Immer habe ich den Sommer ersehnt. Gute dreißig Jahre ging ich regelmäßig, sobald es warm wurde, in ein kleines Frankfurter Freibad. Es trägt den Namen eines Frankfurter Stadtteils: Hausen. Einige der Stammgäste sah ich mit mir älter werden, einige sah ich vor mir älter werden. Einige kamen

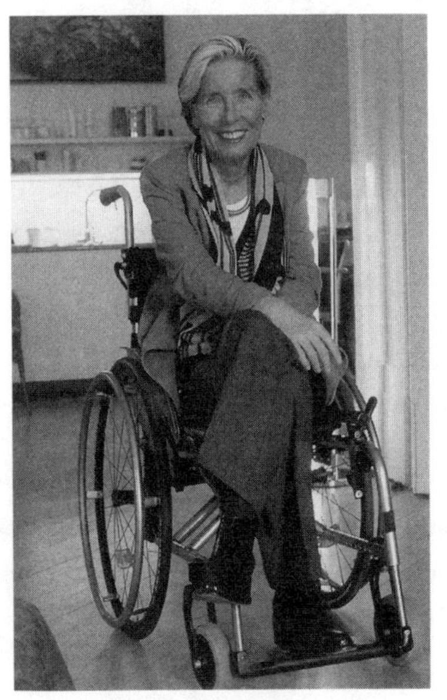

eines Sommers nicht mehr. Zur Saisoneröffnung wurde bilanziert. Die Badbesucher, die im Winter Kontakte untereinander pflegten, meldeten Todesfälle. Sofort wurde nach Anzeichen eines jeweiligen Eigenverschuldens gesucht. »Sie war ja auch sehr dick.« – »Er hat ja auch sehr viel geraucht.« Einmal aber schien es, als ließe sich kein solches Verschulden bei dem Gestorbenen finden. Die Badefreude kam aber dann doch wieder auf, als einer schließlich ausrief: »Er ist ja auch immer so schnell geschwommen.«

Abwehrfallen

Ignoranz gehört zum halbwegs frohen Leben. Die rituelle Vermeidung des Eingedenkens unserer Sterblichkeit. Das gedankliche Umtänzeln von Sumpfgebieten der Endlichkeit. Wird der Schritt aber altersbedingt schwerer, geraten wir häufiger in den Stimmungsmorast. Nachlassende Vermeidungselastizität. Die Rituale der Vermeidung und Umgehung kehren sich vermehrt gegen uns selbst. Die Trennwände werden porös: Das Vermiedene findet ungeahnte Schlupflöcher. Etwas in uns, ein dubioses autoaggressives Sammelzentrum, zieht fortan das böse Omen magisch an. Schalten wir jetzt den Fernseher ein, geraten wir hundertprozentig in eine Sendung über Altersdemenz, Pflegenotstände oder Sterbeversicherungen. An Zufall mögen wir in Kenntnis der Spaßpalette des Programms nicht glauben. Da die Unterhaltungsindustrie die Vermeidung im Großen exekutiert (man könnte sogar sagen, Vermeidung sei ihr ganzes Programm), ist die Wahrscheinlichkeit, zufällig in Sendungen der morastigen Art zu geraten, statistisch verschwindend gering.

Aber ungeachtet der kulturkritischen Grübeleien: Die Vermeidung hat gute Gründe. Zu großen Teilen handelt es sich um die bewußte (deshalb wäre es wohl nicht richtig, von Verdrängung zu sprechen) Vermeidung von großen Fragen, auf die wir, wie wir wissen, in säkularisierter Zeit keine Antworten wissen – auch die Klügeren wissen nicht. Nur die Gläubigen glauben zu wissen.

»Warum ist etwas und nicht etwa nichts?«

Kinder haben kleine, aber auch ganz große Fragen. Warum stirbt der Großvater? Warum bekomme ich nicht noch ein Eis? Warum gibt es Hunde? Sie bekommen viele Antworten, viel zu viele, aber keine wirklich befriedigenden. Die in unseren Augen kleinen Fragen werden übermäßig aufwendig beantwortet, auch, damit sie nicht merken sollen, daß es für die großen so wenig zu antworten gibt. Das merken sie auch nicht gleich, das wissen sie nicht, aber sie spüren es. Darum halten sie sich an Rituale: das gleiche Märchen wortwörtlich zur guten Nacht. Hier sind Anfang, Verlauf und Ende bekannt. Hier gibt es Sicherheit – na ja, auch nur eine relative Sicherheit – nur das »... und wenn sie nicht gestorben sind ...«

Zwischenarchiv

Eine Freundin geht in Begleitung ihrer Tochter zum Arzt. Eine Colonskopie steht bei der Älteren an. Unangenehme Prozedur. Danach telephoniere ich mit ihr. Sie sagt, daß ihr eine kleine Betäubung verabreicht worden sei und sie infolgedessen überhaupt keinen Schmerz empfunden habe. Am nächsten Tag erzählt mir die Tochter, die während der Untersuchung im Nebenzimmer saß, daß ihre Mutter vor Schmerz geschrien habe.

In welcher Weise gehört dieser Schmerz zu deren Leben?

Traum

Immer morgens. Wir sind immer schon wach, bevor wir die Augen aufschlagen. Zwischen dem Wachwerden und dem Augenaufschlagen liegt ein kurzer Moment, in dem wir nicht wissen können, ob die Welt, die wir kennen, noch vorhanden ist.

Einmal träumte mir, ich träume und könne nicht aufwachen. Der Traum umspannte mich wie eine Fessel, wie eine dichte Folie, die mir den Atem, die Stimme, die Bewegung, jedwede Reaktionsmöglichkeit nahm und die ich – wie mir schien – eine ewig lange Zeit nicht durchdringen konnte. Eine fürchterliche Panik hatte mich befallen. Eine Panik, die vom Schlaf weit ins Leben wirkte.

Verrückte Angst

Genau zehn Tage bevor ich einer – wie es oftmals so beschwichtigend heißt – Routine-Operation unterzogen werden sollte, befiel mich eine verrückte Angst. Da es schwierig war, mit dieser Angst alltäglich zu leben, versuchte ich mir Klarheit über ihre Quellen zu verschaffen. Mir wurde schnell bewußt, daß sie mit der Vollnarkose – es war meine erste – zusammenhing. Zunächst dachte ich, daß ich vielleicht Angst davor haben könnte, aus der Narkose nicht mehr aufzuwachen, also sterben zu müssen. Dann aber kam ich zu der Einsicht, daß es einen besseren Tod nicht geben kann und daß ich im Gegenteil gerade vor dem Aufwachen diese schreckliche Angst hatte. Ich stellte mir einen Zustand ähnlich dem in meinem Traum vor, wie eine bewußt erlebte qualvolle eigene Geburt. Während des tatsächlichen Aufwachens nach der Operation habe ich vermutlich eine ungeheure Erleichterung verspürt. Eine Erleichterung darüber, daß der Vorgang nichts mit meiner Traumerfahrung zu tun hatte. Ich vermute das, weil die Schwestern mir erzählten, daß ich ihr erster Patient gewesen sei, der lachend aufgewacht sei.

Retrograde Amnesie

Das Lachen ist mir schnell vergangen. Wegen eines Wundabszesses wurde ich einige Tage später erneut in den Operationssaal gerollt. Meine Angst hielt sich diesmal in normalen Grenzen. Hinter der Schleuse stand ein mir unbekannter Arzt, der sagte: »Da sind Sie ja wieder.« Ich beteuerte, ihn noch nie gesehen zu haben. Er behauptete, der Anästhesist zu sein und vor der ersten Operation noch auf dem Zimmer der Station lange mit mir gesprochen zu haben. Er konnte das belegen, indem er mir wiedergab, was ich ihm erzählt hatte. Die Angst mußte mich in eine törichte Plaudersucht getrieben haben. Aber die Belanglosigkeiten, die er mir als meine Rede vortrug, stammten eindeutig von mir.

Eine kleine Rekonstruktion der zurückliegenden Ereignisse ergab, daß ich alles vergessen hatte, was an dem Morgen vor der ersten Operation geschehen war. Etwas, was meine Erinnerung hätte werden können, wurde mir von einem Fremden erzählt.

Erst hielt ich diese Erfahrung für außergewöhnlich. Später wurde mir klar, daß die kleine Amnesie nur eine banale Eigentümlichkeit unseres Erinnerungsvermögens veranschaulicht. Bis auf einiges, das für unsere biographische Legende unverzichtbar scheint oder das sich aus diesem oder jenem Grunde besonders ins Gedächtnis eingraviert, vergessen wir die meisten Ereignisse unseres Lebens, ohne es zu merken.

Kürzlich wurde mir bewußt, daß ich das Gesicht dieses Arztes inzwischen auch schon vergessen habe, so wie er gewißlich mein Geschwätz. An dieser Stelle ist also alles in symmetrischer Ordnung.

Asymmetrie

Einst habe ich einem Menschen, der infolge übermäßigen Alkoholkonsums einen sogenannten Filmriß hatte, die Vorgänge während jener vergangenen Zeit, an die er sich nicht mehr erinnern konnte, erzählt. Da er in seinem Suff – vorsichtig ausgedrückt – sehr unfreundlich gewesen war, auch zu mir, bereitete mir die Schilderung seines Verhaltens eine sadistische Freude. Besonders detailfreudig war ich bei der Wiedergabe der Beleidigungen, mit denen er sympathische Menschen schockiert hatte.

Als Verwalterin dessen, was seine Erinnerung nicht war, empfand ich eine besondere Macht; gleichzeitig sah ich mich in absurder Weise einem absoluten Lügeverbot ausgesetzt.

Raucherzimmer

Wollte man eine Rangfolge der deprimierenden Orte, die die Wohlstandsgesellschaft bereithält, erstellen, das Raucherzimmer in Krankenhäusern stünde weit oben. Ein stets von der endgültigen Abschaffung bedrohter Ort. Ein Zwischenraum. Fast schon ein Niemandsland. Dort gehen die hin, die rituell

Süchtigen, für die es nach der Meinung mancher den nächsten Sommer nicht mehr geben sollte. Ein kolossaler Mief, ein liebloses Mobiliar, ein sterbender oder zumindest elend vor sich hinsiechender Kübelgummibaum künden von den Strafen für jene, die selbst schuld an vielem sind. Der Vorhof der Hölle.

Dort traf ich regelmäßig einen jungen – dem Anschein nach etwa zwanzigjährigen – Mann. Er war gerade äußerlich von einem schweren Motorradunfall genesen, hatte jedoch rückwirkend bis zu den Tagen seines zwölften Lebensjahres alles vergessen. Acht Jahre gelöscht, komplett! Jedem, der das Raucherzimmer betrat, stellte er, in der Art, wie es eben zwölfjährige Kinder tun, die Frage: »Wie alt bist du?« Die Antwort vergaß er sofort und stellte die Frage, wann immer man das Zimmer betrat, erneut. Seinen Eltern, die zuweilen anwesend waren, war die Sache peinlich. Auch eine etwa vierzigjährige Raucherin, die gelegentlich in diesem Raum auftrat – sie war spitalunangemessen aufgeputzt, und jedes ihrer Worte, jede ihrer Gesten kündete von Dummheit und Dünkel –, wurde von ihm regelmäßig nach ihrem Alter befragt. Sie log. Machte sich um mindestens fünf Jahre jünger, wobei sie sich nicht einmal die Mühe gab, sich ihre Lüge zu merken, und in ihren Angaben differierte. Ich hätte sie gern geschlagen. Dem Jungen aber hätte ich gern erzählt, daß ich es als Zwölfjährige kleinlich und lächerlich fand, daß man die Tage fortlaufend numeriert. Ich tat es aber dann doch nicht.

Haustiere

Ein anderes Krankenhaus, ein anderes Raucherzimmer, der gleiche Geruch, der gleiche Gummibaum. Hier rauchten hauptsächlich ältere Leukämiepatienten, die sich auf Fristen verstanden. Vielen ging es so schlecht, daß ihnen niemand mehr das letzte Laster untersagen wollte. Sie freuten sich über den Besuch von Enkelkindern, nicht aber über den ihrer erwachsenen Söhne und Töchter. Sie haßten Gespräche über Urlaubspläne und Karriereabsichten: Sie interessierten sich nicht für Tüchtigkeiten und Ambitionen. Auch erzwungene Reminiszenzen: »Papa, weißt du noch ...?« schätzten sie nicht. Sie liebten Gespräche in der reinen Gegenwärtigkeit, wie sie Kinder führen. »Wie heißt dein Teddybär?« – »Was gibt es im Fernsehen?« – »Wie geht das Spiel?« Gegen Wiederholungen hatten sie keine Einwände.

Sie sehnten sich nach ihren Haustieren.

Zwischenort

Ilse Aichinger, mit einem Faible für das Verschwinden und die Flüchtigkeit und dem Wunsch, von anderen und von sich selbst möglichst wenig behelligt zu werden (»ich schloß die Augen, aber es reichte nicht«), fand im Dunkel des Kinos ihren Zwischenort. Den Ort einer unaufdringlichen, rituell kalkulierbaren Vergegenwärtigung. »Wer schon aus unnötigen Schulfächern gerne fortgeblieben und am liebsten schon vor der Geburt verschwunden wäre, wird froh sein, wenn ihn, wie mich heute, ein Drogensüchtiger ins Imperialkino begleitet, exterritoriales und unversnobtes Gebiet.« Im rituellen Kinogang sieht sie die Bedingung der Möglichkeit, »übersehbaren Aussichtslosigkeiten fürs erste zu entkommen.« Die (Wieder-) Begegnung mit der Vergangenheit und Gegenwart anderer und mit einem früheren Ich wird gefiltert und gespiegelt, in ihrer Aufdringlichkeit gemildert und korrigiert durch die (Wieder-) Begegnung mit den fremd gemachten Bildern aus dem Kinoarchiv. Ein bißchen dosierte Erinnerung (Madeleine); ein bißchen Betäubung (Narkose), das ist fast schon ein Glück. Das Entkommen »fürs erste«, von dem Aichinger spricht, darum geht es, weil es sich immer nur um Fristen handelt, weil mehr nicht zu haben ist. Dann kann man vielleicht für eine kurze Dauer auch dem außerordentlich beunruhigenden Satz entgehen: »Wer aber verzweifelt stirbt, dessen ganzes Leben war umsonst.« (Theodor W. Adorno)

*

Als ob

Was tue ich hier? Geht es um die Rettung (Selbstbehauptung) meines altgewordenen Ichs? Die Konstruktion einer altersstufenüberdauernden Stimmigkeit? Was habe ich mit diesem Lügengespinst meiner erinnerten Ich-Legende zu tun? Bin ich das und nur das? Daß ich ich sein will und es für den Rest bleiben will? Ich glaube eigentlich (?) nicht an diese Ich-Behauptungen, jedenfalls nicht in ihren essentialistischen Varianten, und muß doch, wenn ich an mich und meine Alterungen zurückdenke, bis zu einem gewissen Grade an sie glauben, um überhaupt zurückdenken zu können. An die Kontinuität der Geschichte meines Lebens, die doch wohl eher eine Kontinuität der Brüche war. Aus irgendeinem Grund benötigt mein Geist diese Kontinuitätsveranstaltung. Trotz aller Irritation.

Die Selbstverständlichkeit einer naiven Ich-Behauptung, im Sinne dessen, was man heute mit dem Wort ganzheitlich meint, waren mir schon früh erschwert. Das lag an den vielen Feinden innerhalb meiner selbst. Die vielen Krankheiten in mir. Zu viele Gefährdungen und Behinderungen an und in mir (zu denen dann noch das Alter trat). Die nichtfunktionierenden Gliedmaßen haben mich befremdet. Daß, zum Beispiel, mein Hirn (ein Teil von mir) meinem Bein (einem Teil von mir) einen korrekten Befehl gibt, den dieses dann nur höchst unkorrekt ausführt. Die Unzuverlässigkeit meiner Teile. Um aus diesem Kampf gegen mich selbst wenigstens zeitweise – illusionär, das wußte ich schon – herauskommen zu können, etablierte ich befreite Zonen; um mein Ich nicht völlig in Krankheit und Behinderung aufgehen zu lassen, mußte ich mich gewissermaßen parzellieren, den Körper abgekoppelt betrachten. Daß der Körper zum Beispiel ein Gewebe produziert, das ihn und damit mich im Ganzen – wäre dem nicht durch radikale Eingriffe von außen Einhalt geboten worden – unweigerlich vernichtet hätte, daß er ein Mineral in sich / in mir erschuf, das mir einen Schmerz zufügte, der mich fast um den Verstand brachte, daß mein Körper infolge einer Abwehrmaßnahme gegen einen nicht erfolgten destruktiven Angriff zunehmend die Funktionsfähigkeiten seines/meines Nervensystems zerstört, all das ist absurd. Es wird in solchen Fällen zugig und ungemütlich in der Körperhäuslichkeit.

Eine lange Zeit gönnte ich mir eine Geist-Heimat (gestattete mir einen uneingestandenen Körper-Geist-Dualismus). Fühlte ich mich kognitiv gefestigt und dort in den Räumen der Kognition relativ heimisch. Jetzt aber mit dem immer unzuverlässigeren Gedächtnis, jetzt, da uralte Erinnerungen unvermutet und ungerufen, nicht jedoch das Naheliegende, der Name eines Bekannten, in mein Bewußtsein treten, wird mir bewußt, was ich immer schon wußte: Auch mein Geist ist Teil dieser unzuverläßlichen Veranstaltung. Auch mein Hirn macht zuweilen, was es will. Aber bin ich nicht wesentlich mein Hirn? Wie organisieren sich zum Beispiel diese Gedächtnis-Selektionen? Noch vor zehn Jahren waren mir andere Erinnerungen bedeutsam – ich bin ganz sicher, kann mich aber nicht mehr an die damalige Auswahl meiner kleinen Ich-Geschichten erinnern. Ich nehme an, die Auswahl folgt in jeder Alterstufe irgendwelchen Eitelkeitskriterien. Irgendwelchen? Eine Unverschämtheit. Wo bin da ich? Ich bin eine fragwürdige Erinnerungsgeschichte.

Ich bin ein bündelndes rückkoppelndes Als-ob, das sich eine fragwürdige Erinnerungsgeschichte schafft, um dann aus ihr zu bestehen …

*

Versäumnisse

Einmal fragte mich jemand, ob ich glaube, in meinem Leben etwas versäumt zu haben. Ich war erstaunt, daß mir gar nicht so viel einfiel. Ich gab die Frage an meine Freundin S. Sch. weiter. Sie überlegte lange. Ich wartete auf eine dramatische Antwort. Dann sagte sie: »Ich bin nicht Motorrad gefahren.«

Mir fällt auch noch etwas ein: Ich konnte nie auf zwei Fingern pfeifen.